Ein gesellschaftspolitisches Forum
mit Karl Steinbuch
in der Evangelischen Akademie
Bad Boll am 24. und 25. Juni 1972

Die humane Gesellschaft

Jenseits von Kapitalismus
und Kommunismus

Beiträge von
Karl Steinbuch
Peter Glotz
Richard Löwenthal
Kurt Naumann
Ernst Oldemeyer
Eberhard Stammler
Werner Maihofer
Johannes Ickert
Helmut Gehrke

Herausgegeben von
Klaus Lubkoll
und Kurt Naumann

Seewald Verlag Stuttgart

Zweite Auflage 1974
Alle Rechte vorbehalten
© Seewald Verlag Dr. Heinrich Seewald
Stuttgart-Degerloch 1972
Umschlag von Hans-Eduard Franke
Grundschrift:
Linotype Garamond-Antiqua
Druck der Druckerei Emil Scheel,
Oeffingen bei Stuttgart
Gebunden bei
Heinr. Koch, Tübingen
ISBN 3 512 00245 5
Printed in Germany

Inhalt

Vorwort

Wer einen »offenen Brief« schreibt, hat dafür einen konkreten Anlaß und verfolgt damit ganz bestimmte Absichten. Er geht davon aus, daß das, was er mitzuteilen hat, nicht nur den Adressaten etwas angeht, sondern darüber hinaus die gesamte Öffentlichkeit. Er hofft, daß er Resonanz findet, Meinung bildet, Bundesgenossen gewinnt. »Man möchte gehört werden. Man hebt das Schweigen, das öffentliche, auf im Bedürfnis nach Kommunikation. Man gibt sich preis, um einen Anfang zu machen.«

Was Max Frisch in einer Rede zur Eröffnung der Frankfurter Buchmesse zum Thema »Öffentlichkeit als Partner« festgestellt hat, trifft nicht nur auf Dichter zu. Auch der Verfasser eines »offenen Briefes« erfährt den »Widerspruch, daß Öffentlichkeit einerseits, vom Schriftsteller her gesehen, eine Fiktion ist, andererseits eine Realität, der wir uns durch keine Fiktion entziehen können«. Zu dieser Realität gehört es, daß er nicht auf ungeteilten Beifall hoffen kann. Er muß das Risiko eingehen, nicht nur Zustimmung, sondern auch Kritik zu ernten. Was sich in dem Prozeß, den er anstrengt, als Meinung herauskristallisiert, hat er, sobald die Publikation erfolgt ist, nicht mehr in der Hand.

Der Briefwechsel, den der Karlsruher Professor Karl Steinbuch Anfang 1972 mit Bundeskanzler Willy Brandt geführt hat, ist weithin beachtet worden und hat Aufsehen erregt. In zahlreichen Tageszeitungen wurden die »offenen Briefe« abgedruckt, in ungezählten Leserbriefspalten stellte sich die Öffentlichkeit als Partner ein. Es entspricht dem gegenwärtigen politischen Klima in der Bundesrepublik Deutschland, daß die Meinungen, die dabei zum Ausdruck kamen, mindestens ebenso kontrovers waren wie die gegensätzlichen

Analysen und Positionen der beiden Briefpartner. Es zeigte sich, daß in den »offenen Briefen« offene Fragen angeschnitten worden sind: Wird unser politisches System, wie Steinbuch befürchtet, zur Zeit ideologisch so ausgehöhlt, daß es wahrscheinlich in einer Krisensituation wie ein Kartenhaus zusammenbricht, oder hat Brandt recht, wenn er behauptet, unser parlamentarisches System habe sich seit 1949 als durchaus krisenfest erwiesen? Wo befinden sich die ausschlaggebenden Schlüsselpositionen unserer Gesellschaft, in den Universitätsgremien und Redaktionsstuben oder in den Regierungen und Parlamenten, der Verwaltung und der Rechtspflege, den Gewerkschaften und den wirtschaftlichen Unternehmen? Stellt ein großer Teil unserer Jugend eine Armee fanatisierter Revolutionäre dar, oder sind die Heranwachsenden reformfreudig, aufgeschlossen und auf der Seite der aktiven Demokratie? Und schließlich: Wirkt bei denen, deren Amt es ist, die Grundsätze rechtsstaatlicher Ordnung zu verteidigen, diese Verteidigung immer zaghafter, halbherziger und weniger überzeugend, oder kann allen im Bundestag vertretenen Parteien – weil sie den utopischen Paradiesen der Radikalen nicht trauen – bescheinigt werden, daß sie weder ideologisch leichtgläubig noch politisch gleichgültig sind? In der Beantwortung dieser Fragen scheiden sich in der Bundesrepublik Deutschland die Geister.

Während im Briefwechsel zwischen Steinbuch und Brandt noch differenzierende Untertöne zu vernehmen waren – Steinbuch lieferte ein unmißverständliches Plädoyer für die Notwendigkeit von Reformen, Brandt betonte, er nehme Steinbuchs Sorge um die Sicherung unserer freiheitlich-demokratischen Grundordnung ernst –, war die Erörterung der aufgeworfenen Fragen in der Öffentlichkeit teilweise emotional aufgeladen. So wurde dem Karlsruher Ordinarius für Nachrichtenverarbeitung und Nachrichtenübertragung Panikmache, Hysterie der Angst und politischer Moralismus vorgeworfen, der Bundeskanzler und Friedensnobelpreisträger wurde verdächtigt, er spiele die Rolle des Biedermanns angesichts der bereits im Hause befindlichen Brandstifter.

Für die Evangelische Akademie Bad Boll war dies alles Anlaß genug, die im Briefwechsel zwischen Brandt und Steinbuch angesprochenen Problemkreise im Rahmen einer Tagung, die Ende Juni 1972 stattfand, öffentlich zur Diskussion zu stellen. Sie wollte damit zur Versachlichung der Auseinandersetzung beitragen. Eine alle überzeugende Antwort auf die komplexen und komplizierten Fragen war von einer eineinhalbtägigen Tagung von vornherein nicht zu erwarten. Immerhin: Die Fragestellung konnte präzisiert, Mißverständnisse konnten ausgeräumt, einige Perspektiven für einen »Dritten Weg« jenseits von Kapitalismus und Kommunismus konnten aufgezeigt werden.

Die in Bad Boll geführte Diskussion kann keineswegs als abgeschlossen gelten. Sie sollte in einer breiteren Öffentlichkeit weitergeführt werden. Deshalb werden die wichtigsten Gesprächsbeiträge des gesellschaftspolitischen Forums in Bad Boll publiziert. Was in diesem Buch zu finden ist, stellt allerdings kein Tagungsprotokoll im strengen Sinne dar. Tagungen sind, wenn sie richtig angelegt sind, keine punktuellen Ereignisse, sondern Stationen in einem weit über sie hinausgreifenden geistigen Prozeß.

Um die Vorgeschichte dieser Tagung zu verdeutlichen, haben sich die Herausgeber dazu entschlossen, den gesamten Briefwechsel zwischen Professor Steinbuch und Bundeskanzler Brandt im vollen Wortlaut abzudrucken. Die beiden ersten Briefe, nämlich die vom 31. Januar und vom 4. März, waren in einigen Tageszeitungen gekürzt veröffentlicht worden. Der zweite, am 10. Mai abgesandte Brief von Professor Steinbuch dürfte vielen Lesern noch nicht bekannt sein. Der zweite Antwortbrief des Bundeskanzlers vom 23. Mai ist für dieses Buch zur Veröffentlichung freigegeben worden.

Aus der Diskussion, die sich an die beiden Hauptreferate von Steinbuch und Glotz anschloß, können in diesem Buch nur die wichtigsten Phasen skizziert werden. Die im Rahmen einer Podiumsdiskussion gemachten Einlassungen sind von den Gesprächsteilnehmern (Steinbuch, Glotz, Oldemeyer, Stammler, Maihofer und Ickert) nachträglich noch einmal überarbeitet und gestrafft worden. Der Duktus der Ausführungen ist erhalten geblieben, aber es mag sein, daß im Zuge der Überarbeitung da und dort noch reflektierende Gedanken zur Tagungsthematik eingeflossen sind. Das entspricht der

Tatsache, daß der Prozeß der Meinungsbildung weitergeht und noch nicht abgeschlossen ist.

Richard Löwenthal, der als Teilnehmer für die Podiumsdiskussion eingeladen worden war, erkrankte während der Anreise nach Bad Boll und mußte deshalb nach Berlin zurückkehren. Die Herausgeber halten es aber für vertretbar, den Beitrag zum Thema »Die Sicherung unserer Freiheit«, den er der Tagung für die Debatte über ein Teilproblem zur Verfügung gestellt hat, trotzdem in diesem Buch zu publizieren und damit zur Diskussion zu stellen. Auf den Grundsatzbeschluß der Ministerpräsidenten der Länder hatte der Bundeskanzler in seinem Brief vom 4. März ausdrücklich hingewiesen. Der Beitrag von Löwenthal ist in abgeänderter Form in der »Zeit« vom 23. Juni 1972 erschienen.

Das theologische Referat zum Thema »Entfremdung und Selbstfindung des Menschen« wurde am Abend des ersten Tages gehalten und anschließend lebhaft diskutiert. Wenn es in diesem Buch nicht genauso in der Mitte steht wie im Ablauf der Tagung, sondern die Reihe der Beiträge abschließt, so ist das als Hinweis darauf zu verstehen, daß die hier gesetzten Akzente in besonderer Weise das weitere Nachdenken herausfordern. Die Frage, wie die im Referat von Steinbuch heraufbeschworene »humane Gesellschaft« konkrete Gestalt gewinnen kann, sollte nicht allein unter gesellschaftspolitischen, sondern auch unter anthropologischen Aspekten angegangen und bedacht werden.

Das ändert freilich nichts an der Tatsache, daß es sich bei der Thematik dieses Buches in erster Linie um ein Politikum handelt. Mitten in einer Gesprächsrunde traf ein Tagungsteilnehmer, fast ein wenig bestürzt, die Feststellung, die Diskussion sei »hochpolitisch« geworden. Konnte er etwas anderes erwarten? Der Entwurf einer humanen Gesellschaft jenseits von Kapitalismus und Kommunismus hat nun einmal politische Implikationen, sogar parteipolitische. Es ist zu vermuten, daß die Anhänger aller Parteien in diesem Buch Äußerungen entdecken werden, die sie als falsch und ärgerlich empfinden. Das ist weder zu vermeiden noch zu bedauern. In diesem Buch soll nichts propagiert werden, hier wird argumentiert. Offene Briefe und öffentliche Tagungen zielen auf Meinungsbildung ab. Es ist Sache des Lesers, sich bei der Lektüre dieses Buches seine eigene Meinung zu bilden.

Klaus Lubkoll

Offener Brief von Karl Steinbuch
an Bundeskanzler Willy Brandt
vom 31. Januar 1972

Hochverehrter Herr Bundeskanzler!
Darf ich Ihnen bitte Sorgen vortragen, die ich mit vielen
Menschen in unserem Lande teile und vor denen unser politischer Betrieb offensichtlich versagt. Ich würde Sie nicht an-
sprechen, wenn ich irgendeine andere Instanz wüßte, die ausreichend sensibel und zugleich ausreichend einflußreich ist.

Meine Sorge ist: Unser politisches System – so wie es vom
Grundgesetz bestimmt ist – hat zwar vordergründig eine
sichere parlamentarische Mehrheit, es wird aber hintergründig ideologisch so ausgehöhlt, daß es wahrscheinlich in einer
Krisensituation wie ein Kartenhaus zusammenbricht. Wir
Älteren, die wir noch wissen, was ein undemokratischer Staat
ist, kennen die Vorzüge unseres jetzigen politischen Systems
und setzen uns für seine Erhaltung ein. Wer aber wird dieses
demokratische System verteidigen, wenn die Mehrheit den
Ideologien folgt, die sich an unseren Universitäten schon
durchgesetzt haben und für die unser demokratischer Staat
ein verächtliches Objekt einer kurz bevorstehenden und notwendigen Revolution ist?

Die Gruppen, welche dieses System zerstören wollen, sind
zwar zahlenmäßig schwach, sie beherrschen aber Schlüsselpositionen unserer Gesellschaft weitgehend: Universitätsgremien
und manche Redaktionsstuben. Es wäre töricht, hierbei nach
dem Parteibuch zu fragen: Entscheidend sind Ziele, Wertvorstellungen und Methoden. Die leichtfertigen Mitläufer spielen heute mit Revolutionsphrasen so, wie früher kleine Buben
mit Zinnsoldaten spielten.

Ein großer Teil unserer Jugend folgt diesen Phrasen: Es
ist eine Armee fanatisierter Revolutionäre, die wartet, solange unser politisches System noch funktioniert, in der Krise
aber zuschlägt.

Ein Plädoyer für dieses System könnte leicht als konservative Starrheit ausgelegt werden. Deshalb möchte ich hier ein unmißverständliches Bekenntnis zur Veränderung ablegen: Hier wurden zu lange und mit zu schlechten Gründen Reformen verhindert. Wenn wir unsere Kultur und unser freiheitliches politisches System erhalten wollen, dann müssen wir Probleme lösen, solange sie noch ohne Systemzerstörung gelöst werden können.

Die notwendigen Veränderungen dürfen aber nicht über unbedachte und wilde Zerstörung gehen: Wir müssen vielmehr zuerst die realen Möglichkeiten geistig vorwegnehmen und können erst dann an ihre Verwirklichung gehen.

Die Angriffe gegen unser politisches System werden vorläufig nur selten mit roher Gewalt geführt, sie benutzen überwiegend die psychosoziale Vergiftung unserer Gesellschaft: Denunziation, Anklage und Verdächtigung.

Die psychosoziale Vergiftung wirkt vor allem durch die Diffamierung erprobter Verhaltensformen: Leistungsprinzip, Verantwortungsbewußtsein, Rauschgiftabstinenz und funktionierende politische Strukturen. Sie agiert im Namen einer selbstbestätigten Humanität und tarnt ihre Herkunft aus Haß und Neid. Daß viele ihrer Protagonisten subjektiv guten Glaubens sind, ändert nichts an ihrer vergiftenden Wirkung auf unsere Gesellschaft.

Je weniger einer die sozialen, wirtschaftlichen und technischen Zusammenhänge durchschaut, desto leichter glaubt er an ein mystisches Komplott, das angeblich den Weg unserer Gesellschaft in das Paradies versperrt, und um so leichter berauscht er sich an der Aussicht auf ein Leben ohne Anstrengung, ohne Rücksicht auf andere, ohne rechtliche Ordnung menschlichen Zusammenlebens; auf ein Leben, in dem es nichts anderes als Lust und Befriedigung gibt. So wird heutzutage geredet, als ob es nie einen Rousseau und einen Robespierre gegeben hätte.

Charakteristisch für die psychosoziale Vergiftung ist der Bedeutungswandel des Wortes »Kritik«: Hierunter verstand man einst die Prüfung oder Veränderung von Meinungen oder Theorien anhand der Erfahrung, Logik oder Vernunft. Im »progressiven« Sprachgebrauch bedeutet »kritisch«

aber etwas anderes: Es ist etwa gleichbedeutend mit »system-überwindend« oder »systemzerstörend«, gleichgültig, ob das Vorgebrachte nun irgend etwas mit Erfahrung, Vernunft oder Logik zu tun hat oder nicht. So stirbt hinter dem verbalen Dauerkritizismus die Fähigkeit zur Kritik und Selbstkritik.

Unter den vielen Folgen der psychosozialen Vergiftung ist die Lähmung unserer Entscheidungsstrukturen besonders gefährlich. Man erwartet von den Verantwortlichen Kreativität und Engagement. Wie aber kann Kreativität und Engagement entstehen bei diesem permanenten Streß, den die psychosoziale Vergiftung erzeugt?

Wer in unserer komplexen Kultur Entscheidungen treffen muß, der sucht Kompromisse: Welche Entscheidungsalternative ist die beste bei all den widersprüchlichen technischen, wirtschaftlichen, sozialen und politischen Kriterien? Manche können berücksichtigt werden, andere müssen aber zurücktreten. Es ist dann immer leicht, aus den unterlegenen Kriterien einige herauszusuchen und publizistisch aufzubauschen.

Die Entscheidenden werden so aus der Komplexität ihrer Funktion heraus zum leichten Opfer bösartiger Angriffe. Unerträglich ist aber die vorwurfsvolle Unschuldsmiene der Leute, deren Unschuld darauf beruht, daß andere für sie die Arbeit leisten. Unangreifbar sind nur die Leute, die keine Verantwortung tragen.

Selbst bei denen, deren Amt es ist, die Grundsätze rechtsstaatlicher Ordnung zu verteidigen, wird diese Verteidigung immer zaghafter, halbherziger und weniger überzeugend. Man fühlt sich in der Rolle des Angeklagten, wenn man die Grundsätze demokratisch beschlossener Gesetze befolgt.

Die Kritik der »Kritiker« zielt nur scheinbar auf die Verbesserung des Kritisierten, tatsächlich ist ihr Ziel aber die Verunsicherung der Verantwortlichen, die Verschlechterung der Zustände in unserem Land und so die Vorbereitung der Systemzerstörung. Die erste Etappe der Systemzerstörung ist bald erreicht: Die Universitäten von der Wissenschaft zum Klassenkampf umzufunktionieren und die Verteidiger der Wissenschaft als egoistische Starrköpfe abzuqualifizieren.

Wer glaubt bei dieser psychosozialen Vergiftung noch einem

Professor, daß er sich der gegenwärtigen Entwicklung ohne Eigennutz und in ohnmächtiger Verzweiflung über den voraussehbaren Niedergang unserer wertvollsten kulturellen Institutionen entgegenstellt?

Der Präsident meiner wissenschaftlichen Akademie (Sitz in der DDR) schrieb:

»Ich bin schmerzlich berührt von der Verzagtheit vieler Kollegen aus der Bundesrepublik... Zur starken Emigration während der Nazizeit... gesellt sich eine noch gefährlichere innere Emigration...«

Die gegenwärtige Zerstörung unserer Universitäten ist der strategisch wirkungsvollste Ansatzpunkt zur Zerstörung unseres politischen Systems. Die Mehrheiten zugunsten dieses demokratischen Systems werden dahinschmelzen, wenn erst einmal die vielen Lehrer, Soziologen, Politologen usw., deren Köpfe gegenwärtig an den Universitäten mit dem »wahren Bewußtsein« gefüllt werden, unsere Gesellschaft durchsetzen.

Die Möglichkeit psychosozialer Vergiftung unserer Gesellschaft beruht m. E. hauptsächlich darauf, daß wir unseren politischen Betrieb gänzlich unbewußt so laufen lassen, wie er eben läuft, und uns keine Mühe geben, über seine Grundsätze und über seine Zukunft ernsthaft nachzudenken. In dieser Situation können wir auf die Frage der Jungen, weshalb dies alles so ist, wie es ist, keine bündige Antworten geben, und sie glauben den Rattenfängern unserer Zeit, daß alles, was nicht leichtverständlich begründet werden kann, unverantwortlich sei, Machenschaften und Mauscheleien eines kriminellen »Establishments«. Die Jugend verlangt nach Orientierungen, und wenn *wir* sie ihnen nicht geben, dann greifen sie nach dem nächstbesten Orientierungssystem, auch wenn es realiter sehr schlecht ist, wenn es nur Antworten auf Fragen gibt.

Die dürftige theoretische Basis unseres politischen Systems hat viele Gründe, so vor allem den selbstgefälligen Pragmatismus der Systemerhalter, die aktuelle Probleme ohne übergeordnete Konzepte lösen und glauben, man könne diese Zeit härtester ideologischer Auseinandersetzungen ohne theoretische Basis überstehen, gewissermaßen mit Voll-Kasko-Versicherung.

Unheilvoll wirkt auch die ideologische Prüderie, die unser System als etwas gottgewolltes versteht, nicht aber als ein Ergebnis menschlicher Entscheidungen, über die man mit guten Gründen streiten kann und muß. Man versäumt operationale Begründungen und argumentiert mit heiligen Kühen.

Unser Bildungs- und Wissenschaftsbetrieb hat sich bisher kaum bemüht, dieses politische System zu verteidigen. Man begegnet der Parole »Marx an die Universitäten« mit verschämten Ausreden, anstatt ihr bessere Entwürfe entgegenzustellen. So verfestigt sich in den Köpfen unserer Kinder die Vorstellung anderer politischer Systeme als wahrer Paradiese auf Erden. Die Realität dieser angeblichen Paradiese erfahren sie sowenig wie die Vorzüge unseres eigenen Systems.

Ein politisches System hat aber seine eigene Zerstörung geistig schon akzeptiert, wenn es seine eigenen Prinzipien fortwährend in Frage stellen läßt und darauf verzichtet, seine eigene Position zu vertreten.

Ich glaube nicht, daß diese Mängel unüberwindbar sind, allerdings fürchte ich, daß wir nicht mehr viel Zeit zum Handeln haben. Die Zerstörung unserer Gesellschaft ist latent schon weiter fortgeschritten, als öffentlich geglaubt wird.

Als Nachteil unseres politischen Systems wird aber wohl immer bleiben, daß es an die Intelligenz und Moral seiner Bürger höhere Anforderungen stellt als andere Systeme. Wenn dieses politische System zugrunde geht, dann sicher nicht an unüberwindlichen objektiven Widersprüchen, sondern an unserer mangelnden Intelligenz und Moral – und vor allem an unserem mangelnden Mut, den Systemzerstörern entschlossen zu widersprechen.

Besonders bedenklich erscheint es mir, daß sich in grundgesetzgetreuen Parteien Gruppen organisieren, denen das Bekenntnis zum Grundgesetz wohl nur Tarnung ist und für welche die Zugehörigkeit zu demokratischen Parteien ein Stück ihres langen Marsches zur Macht ist. Das »Nimm und gib« normalen sozialen Verhaltens ist bei ihnen fehl am Platze: Für sie ist jedes Zugeständnis ein Schritt ihres Weges zur Machtergreifung.

Ich fürchte vor allem, daß die SPD ideologisch leichtgläubig wurde. Die ersten hundert Jahre führte die SPD einen erfolgreichen Kampf gegen politischen Radikalismus. Hat die SPD jetzt nicht mehr die Kraft zu einer ernsthaften Auseinandersetzung?

Was aber nur mit höchster Kompetenz geschehen kann, ist dies: Unserer Gesellschaft begeisternde Ziele setzen, humane Ziele, die eines Bundeskanzlers würdig sind, der den Friedensnobelpreis trägt. Ich bin überzeugt davon, daß unsere Jugend darauf wartet, zu Leistungen und zum Opfersinn aufgerufen zu werden, und – wenn man ihr dies in der richtigen Weise sagt – sich auch für diesen Staat engagiert.

Herr Bundeskanzler: Bitte ergreifen Sie die Initiative, bevor es zu spät ist.

Karl Steinbuch

Antwortbrief von
Bundeskanzler Willy Brandt
an Karl Steinbuch
vom 4. März 1972

Sehr geehrter Herr Professor Steinbuch,
ich danke Ihnen für Ihren Brief, den Sie der Öffentlichkeit
zugänglich gemacht haben. Und ich danke auch dafür, daß
Sie eine so offene Sprache geführt haben. Ihre Sorgen um die
Sicherung unserer freiheitlichen demokratischen Grundordnung und um die Lage an unseren Universitäten nehme ich
ernst, wenn ich auch mit Ihrer Analyse unserer Situation nur
in wenigen Punkten übereinstimmen kann.

Nach meiner Ansicht dürfen wir nicht in den gleichen Fehler verfallen, den die meisten der von Ihnen kritisierten radikalen Kritiker begehen: den Fehler der Übertreibung und
den Fehler der Verallgemeinerung einzelner wunder Stellen
in unseren sozialen Institutionen. Ich mache mich gewiß keiner Verharmlosung schuldig, wenn ich auf Ihre Feststellungen
folgendes erwidere:

Unser parlamentarisches System hat sich seit 1949 durchaus als krisenfest erwiesen. Es würde auch schwereren Krisen
gewachsen sein, als sie uns nach menschlichem Ermessen bevorstehen können. Es ist deshalb eine Fehleinschätzung unserer innenpolitischen Lage, wenn Sie meinen, dieses politische Sytem würde in einer Krisensituation wie ein Kartenhaus zusammenfallen. Sie lokalisieren die Schlüsselposition
unserer Gesellschaft vornehmlich in Universitätsgremien und
Redaktionsstuben. So wichtig diese Positionen sind; sie sind
nicht allein wichtig. Ich nenne daneben die Regierungen und
die Parlamente, die Verwaltung und die Rechtspflege, die
Gewerkschaften und die wirtschaftlichen Unternehmen. Auch
das sind Schlüsselpositionen. Und niemand könnte behaupten, sie seien »unterwandert« oder trügen zur sozialen Vergiftung bei.

Für eine krasse Fehleinschätzung halte ich das, was Sie über unsere Jugend geschrieben haben. Diese besteht weder aus einer Armee fanatisierter Revolutionäre, noch folgt sie derartigen kleinen Gruppen. Unsere jungen Menschen sind in der Mehrzahl reformfreudig und politisch aufgeschlossen. Sie sind bereit, sich für die Meinungsfreiheit einzusetzen, und werden, dessen bin ich sicher, in einem Krisenfall mit Ausnahme einer relativ kleinen Zahl von Fanatikern auf der Seite der aktiven Demokratie stehen.

Ihr Bild ist gewiß durch Ihre Erfahrungen an deutschen Hochschulen geprägt. Das sind Erfahrungen, die man ernst nehmen muß. Ich verurteile den Versuch radikaler Studentengruppen, den Universitätsbetrieb an einer Reihe von Orten zu stören und die Hochschulen »umzufunktionieren«. Ohne Wenn und Aber trete ich ein für die Lehrfreiheit und die Lernfreiheit. Aber ich kann mir nicht die Feststellung zu eigen machen, als handle es sich bei unseren Universitäten um eine einzige Front der Unruhe und der Rebellion. Es gibt Hochschulen, an denen der Betrieb ungehindert läuft. Und auch an den anderen Universitäten sind die meisten Fakultäten störungsfrei.

Natürlich gibt es Personen und Gruppen in unserem Staat und an den Universitäten, die sich offen oder versteckt gegen diesen demokratischen Staat und gegen die Grundlagen einer freiheitlichen Gesellschaft wenden und sich in revolutionärer oder pseudorevolutionärer Taktik üben. Die zuständigen staatlichen Stellen in Bund und Ländern beobachten diese Gruppen sorgfältig; sie treten ihnen durchweg mit Umsicht und Entschlossenheit entgegen, sobald es die Rechtsordnung gebietet. In meiner öffentlichen Erklärung zum Schutz der Demokratie vor Gewalttätigkeit am 4. Februar dieses Jahres habe ich gesagt, daß wir Gewalttätern mit allen rechtlichen Mitteln das Handwerk legen werden, und gleichzeitig habe ich an die Bevölkerung appelliert, die staatlichen Stellen und die Polizei verständnisvoll zu unterstützen. Dazu gehört natürlich auch, daß die reformierte Universität gegen die radikalen Feinde von Reform und friedlicher Zusammenarbeit geschützt wird.

Ich begrüße es, daß wir hinsichtlich der Notwendigkeit von

Reformen weiterhin voll übereinstimmen. Auch ich sehe darin die entscheidende Voraussetzung für die dauerhafte Sicherung unseres freiheitlichen demokratischen Systems und für die Verbesserung unserer gesellschaftlichen Bedingungen.

Auch die Universität mußte und muß reformiert werden. Dabei gibt es zeitweilige Fehlentwicklungen, die nur zum Teil vermeidbar sind. Es ist im übrigen mein Eindruck, daß das ungestüme Drängen aus den Reihen der jungen Generation doch auch einen positiven Beitrag geleistet hat, denn es hat mitgeholfen, erstarrte Formen zu erneuern.

Neben der Universität muß unser Schulwesen so reformiert werden, wie es diese Bundesregierung fordert: Öffnung der weiterführenden Bildung für die Leistungsfähigen und Leistungswilligen aus *allen* Schichten, Abschaffung der aus sozialer Herkunft und unzureichenden Einkommensverhältnissen der Eltern erwachsenden Nachteile durch eine Reform von Schule und Berufsbildung, Mitwirkung und Mitverantwortung von Eltern, Lehrern und Schülern auf allen Ebenen der Bildungseinrichtungen.

Der von der Bundesregierung und nicht zuletzt von meiner Partei immer wieder hervorgehobene und in der politischen Auseinandersetzung ständig vertretene enge Zusammenhang von Reformpolitik und Sicherung der Demokratie beantwortet auch Ihre Befürchtung, die politisch Verantwortlichen in der Bundesrepublik ließen alles laufen und dächten über die Grundsätze und die Zukunft unserer Gesellschaft nicht ernsthaft genug nach.

So ist es nicht. Gerade weil wir den utopischen Paradiesen der Radikalen nicht trauen, gerade weil die SPD als die erfahrenste deutsche Partei weder ideologisch leichtgläubig noch politisch gleichgültig ist, hat sie ein umfassendes Reformprogramm konzipiert, das sie mit anderen reformbewußten Kräften in Bund und Ländern mit Nachdruck verfolgt. Sie selbst weisen darauf hin, daß zu lange und mit schlechten Gründen Reformen verhindert worden sind. Und daß fehlendes Nachdenken über unsere politischen Grundsätze und unsere Zukunft dazu führen kann, daß junge Menschen sich anderswo ihre Orientierungen suchen.

Sie, lieber Herr Steinbuch, und alle mit Ihnen Besorgten

können sicher sein: die SPD ist nicht leichtgläubig, sie ist aber auch nicht kleingläubig! Sie vereint als Partei die Fähigkeit zur Wandlung mit der Kraft der Treue zu unveräußerlichen Prinzipien. Sie wird auch weiterhin, durchaus im Sinne Ihres Appells an mich, der Jugend und unserem Volk insgesamt Ziele der Reform setzen und an ihrer Durchführung arbeiten. Auf diese Weise wird ein Engagement für diesen Staat und diese Gesellschaft den Bürgern noch mehr zur Selbstverständlichkeit werden. Für diese Reformpolitik brauchen wir die Unterstützung vieler Bürger, gerade auch der Bürger an den Hochschulen.

Sie verlangen von den verantwortlichen Politikern zu Recht vorbildhaftes Verhalten. Festigkeit im Einstehen für die Grundprinzipien unserer Verfassung: Freiheit, sozialer Ausgleich, Demokratie und Rechtsstaatlichkeit, ist in der Tat, zusammen mit dem Blick für die notwendigen Veränderungen, Voraussetzung für Stabilität und Fortentwicklung unseres Gemeinwesens.

In diesem Zusammenhang ist übrigens auf den Beschluß hinzuweisen, den die Ministerpräsidenten der Länder gemeinsam mit mir gefaßt haben, aktive Gegner der Verfassung vom öffentlichen Dienst fernzuhalten. Festigkeit, verbunden mit Reformbereitschaft – diese Haltung muß von allen bewiesen werden, die in Staat und Gesellschaft Verantwortung tragen.

Der Staat kann allerdings nur einen Rahmen setzen. Die Politik muß gestalten. Wie die soziale Wirklichkeit aussieht und aussehen wird, hängt – und darin stimmen wir sicherlich überein – nicht allein von den Politikern ab.

Mit freundlichen Grüßen
Brandt

Offener Brief von Karl Steinbuch
an Bundeskanzler Willy Brandt
vom 10. Mai 1972

Hochverehrter Herr Bundeskanzler!
Für Ihren Antwortbrief vom 4. März und das ausführliche Gespräch am 17. April 1972 danke ich Ihnen. Ich habe diesen meinen Brief zurückgehalten, bis der Landtagswahlkampf in Baden-Württemberg beendet und die Debatten im Bundestag abgeklungen sind.

Es besteht nach unserem Gespräch sicher kein Zweifel daran, daß ich von einer »Hysterie der Angst« so weit entfernt bin wie von arroganter Rechthaberei.

Mir geht es vor allem darum, unsere schrecklichen Erfahrungen mit dem politischen Massenwahn an die nächste Generation weiterzugeben.

Der gegenwärtigen Elterngeneration ist dies bisher nicht gelungen. Hierfür kann man einige Entschuldigungen vorbringen: So vor allem den tiefgehenden Traditionsbruch 1945 und die geschwächte Kriegsgeneration. Aber all dieses ändert nichts daran, daß wir unsere Jugend orientierungslos heranwachsen lassen.

Zu diesem zurückliegenden Versagen kommt das fortgesetzte Versagen in der Bildungspolitik. Man glaubt trotz aller Mißerfolge, die Bildungsreform sei vorwiegend ein Problem der Organisation oder der Finanzierung. Aber Bildungsreform ist vor allem ein geistiger Vorgang! In diesem Feld sind aber bisher – außer vielen negativen – kaum positive Ansätze zu erkennen.

Ähnlich vordergründig agiert man andernorts: Mehr als Geldwertstabilität, Vollbeschäftigung und Wachstum wird kaum als politisches Ziel bewußt gemacht. Dies zu einer Zeit, in der das Wachstum beinahe selbstmörderisch wird. Ist es da ein Wunder, daß sich die kritische Jugend gegen dieses System stellt?

Darf ich bitte zu den wichtigsten Punkten Ihres Briefes im einzelnen bemerken:

1. Sie, Herr Bundeskanzler, schreiben: »Unsere jungen Menschen sind in der Mehrzahl reformfreudig und politisch aufgeschlossen.«

Damit haben Sie zweifellos recht, aber »reformfreudig« und »politisch aufgeschlossen« ist ohne Angabe der Zielrichtung nichtssagend, es kann ein Weg in die Katastrophe ebenso sein wie ein Engagement für wohlüberlegte humane Ziele. Orientierungslose Bewegung ist nicht besser, meist sogar schlechter als Starrheit. Unsere Zukunft ist mehr als ein Jeton, das wir leicht auf Schwarz oder Rot setzen.

Früher zeigte sich politische Aufgeschlossenheit vor allem am Engagement für humane und demokratische Ziele. Heutzutage versteht man unter Progressivität etwas ganz anderes: Weltfremde politische Zielvorstellungen, Verachtung der Erfahrung, obskure Zukunftsvisionen, rücksichtslose Traditionszerstörung und die Hemmungslosigkeit bei der Durchsetzung politischer Ziele. Progressivität wird so zur Leichtfertigkeit und Verantwortungslosigkeit, ja zur Lust am Untergang.

Wem Fortschritt am Herzen liegt, der muß diese Entwicklung beklagen: Es gibt ja keine infamere Art, einer guten Sache zu schaden, als sie mit falschen Argumenten zu propagieren.

Was mich besonders beunruhigt, ist die fortschreitende Bewußtseinsverengung: Wo höchste Aufmerksamkeit und Kritik gegenüber Zukunftsentwürfen angebracht ist, wird die Realität auf einige wenige Klischees reduziert. Unreflektierte Zustimmung folgt z. B. auf »Sozialisierung, Enteignung, Emanzipation, Leistungsverweigerung«, unreflektierter Spott und Hohn folgt auf »Gemeinsinn, Leistung, Autorität, Anstand«. Es ist häufig gar nicht mehr möglich, in der Nähe derartiger Klischees differenziert zu argumentieren: Hier entwickelt sich eine geradezu neurotische Simplifikation.

Geistige Auseinandersetzungen sollten eigentlich Problemlösungen vorbereiten. In unserem Lande wird aber gegenwärtig vielfach ein unverantwortliches Spiel ohne Realitätsbezug gespielt, nicht aber die Lösung unserer Probleme gesucht: Gewaltlose Konfliktregelung nach innen und außen, mehr soziale Gerechtigkeit, besserer Städtebau, Verkehr, Umweltschutz. Diese Probleme können nur mit sehr viel Geduld und Kompromissen gelöst werden, nicht mit den angeblichen Zauberstäben der Extremisten und ihrer heilen Hinterwelt.

2. Sie schreiben:
»Auch die Universität mußte und muß reformiert werden. Dabei gibt es zeitweilige Fehlentwicklungen, die nur zum Teil vermeidbar sind. Es ist im übrigen mein Eindruck, daß das ungestüme Drängen aus den Reihen der jungen Generation doch auch einen positiven Beitrag geleistet hat, denn es hat mitgeholfen, erstarrte Formen zu erneuern.«

Es ist unbestreitbar, daß die Universitäten nicht mehr länger in dem Zustand verharren konnten, in dem sie im Jahre 1960 waren. Hier mußte reformiert werden. (Für diese Einsicht war ich ja auch nicht ganz untätig.)

Aber nicht jede Veränderung, die zwischenzeitlich – vielfach unter Verantwortung der SPD – bewirkt wurde, ist mit Gründen der Vernunft und des Verstandes zu verantworten. Auffällig ist auch, daß viele der Vorkämpfer für die Bildungsreform sich entschieden *gegen* das aussprechen, was jetzt als »Reform« ausgegeben wird.

Ich möchte hier meine Ansicht ganz deutlich aussprechen: Die Universitätsreform hat sich daran zu orientieren, wie die vom arbeitenden Menschen gegebenen Mittel verwendet werden müssen, damit wirkungsvoll geforscht und gelehrt werden kann. Hierzu gehört auch, daß über die Verbesserung sozialer und politischer Strukturen nachgedacht wird. Aber es ist unerträglich, wenn unsere Universitäten dazu mißbraucht werden, durch wenig kompetente Minoritäten eine Revolution gegen den Willen der arbeitenden Mehrheit zu organisieren.

Natürlich kenne ich die publikumswirksamen Sprüche, mit denen bei uns die »angepaßte Universität« und das Leistungsprinzip diffamiert werden. Bisher konnte es sich aber noch kein Staat – ob sozialistisch oder kapitalistisch – leisten, daß Studenten das studieren, wozu sie gerade Lust haben, ohne zeitliche Begrenzung und ohne individuellen Leistungsnachweis.

Man kann den Niedergang unserer Universitäten nicht durch Angabe ausgefallener Vorlesungsstunden quantifizieren. Ein Rechtsstaat kann sich auch nicht damit beruhigen, daß in 99 Prozent aller Fälle wenigsten formal rechtsstaatlich verfahren wird.

Vor allem der Kampf gegen das Leistungsprinzip, der gegenwärtig an unseren Universitäten tobt, ist ein Beweis für die systemzerstörerischen Absichten: Die Angriffe gegen die Leistung sind verkappte Angriffe gegen das System, das man zerstören will.

Ähnliches gilt für die Zerstörung der Autorität: Auch dies ist ein verkappter Kampf gegen das politische System, das man zerstören will. Wo die Extremisten Machtpositionen erobert haben, da zementieren sie diese mit einer Hemmungslosigkeit, wie sie in der alten Ordinarienuniversität undenkbar gewesen wäre.

Ich möchte hier nicht auf die deprimierende Situation vieler Hochschullehrer eingehen, aber doch feststellen, daß es kaum einen anderen Berufsstand gibt, dem eine solche Denunziation zugemutet wird. Es ist leicht voraussehbar, welche Folgen es für unsere Gesellschaft haben wird, wenn man den Hochschullehrer immer weiter abwertet und dieser Beruf schließlich nur noch ein Job für Mittelmäßige wird. Es ist auch ökonomisch unverantwortlich, qualifizierte Wissenschaftler an die Hochschulen zu locken und dort immer tiefer in die akademische Fehlorganisation zu verstricken.

3. Sie, Herr Bundeskanzler, schreiben:
»Unsere jungen Menschen ... sind bereit, sich für die Meinungsfreiheit einzusetzen, und werden, dessen bin ich sicher, in einem Krisenfall mit Ausnahme einer relativ kleinen Zahl von Fanatikern auf der Seite der aktiven Demokratie stehen.«

Ich wünschte, Sie hätten recht. Aber ich vermute – und viele andere vermuten dies auch –, Sie haben hiermit nicht recht.
Angesichts der erkennbaren Entwicklung vor allem an un-

seren Universitäten und in manchen Teilen der Bundeswehr kann ich Ihren Optimismus nicht teilen, ja ich halte ihn sogar politisch für gefährlich. Unser Volk hat unter dem Optimismus seiner Politiker schon zu schwer gelitten, als daß man hier noch schweigen könnte.

Herr Bundeskanzler, Sie bemühen sich, Außenpolitik illusionslos zu betreiben. Aber bitte betreiben Sie auch Innenpolitik ohne Selbsttäuschung.

Normalerweise ist es angebracht, jedermann einen Vertrauensvorschuß entgegenzubringen. Aber es gibt eine Grenze, deren Überschreitung nicht verantwortet werden kann. Man sollte hier deutlich unterscheiden zwischen der Unerfahrenheit der Jugend, die Anrecht auf wohlwollende Hilfe hat, und der Überheblichkeit politischer Fanatiker, die behaupten, alles besser zu können, auch wenn die Erfahrung fortwährend das Gegenteil beweist.

Zur Bringschuld der Erfahrenen gehört die eindeutige Stellungnahme und notfalls auch der entschlossene Kampf gegen Entwicklungen, von denen wir wissen, daß sie in die Katastrophe führen. Hier ist Toleranz unverantwortlich.

Man sollte sich auch von der Illusion frei machen, die angebliche »Demokratisierung« ziele in jedem Fall auf die Befreiung unterdrückter Gruppen, vielmehr erkennen, daß sich unter dieser Überschrift häufig eine Machtergreifung von Funktionären abspielt, die mit den angeblich Unterdrückten wenig zu tun haben.

Ich weiß nicht, ob die Folgen der gegenwärtigen Entwicklung noch aufgefangen werden können. Sicher ist der Zeitraum, in dem unsere Versäumnisse noch korrigiert werden können, kürzer, als manchenorts geglaubt wird. Wenn wir überhaupt noch korrigierend eingreifen wollen, dann muß es rasch und mit hoher Kompetenz geschehen. Mein Brief an Sie, hochverehrter Herr Bundeskanzler, war ein Versuch, Sie als Sensiblen und politisch Einflußreichen hierfür zu gewinnen.

Welche Wirkung hätte es, wenn Sie mit Ihrem großen Prestige sich für praktizierten Gemeinsinn, für loyale Leistungen z. B. an unseren Universitäten, für die Autorität der Erfahrenen, für Anstand im Zusammenleben aussprechen würden!

4. Sie schreiben:
»Unser parlamentarisches System hat sich seit 1949 durchaus als krisenfest erwiesen. Es würde auch schwereren Krisen gewachsen sein, als sie uns nach menschlichem Ermessen bevorstehen können.«

Ich habe hieran aber starke Zweifel: Unser politisches System hat zwar Bollwerke gegenüber Gewaltanwendung, was geschieht aber, wenn niemand mehr diese Bollwerke verteidigen will? Die Schwäche unseres Systems liegt ja nicht in seiner fehlenden Verteidigung der Peripherie, vielmehr in seiner erwiesenen Hilflosigkeit gegenüber der ideologischen Aushöhlung.

Überspitzt gesagt: Sie sagen, daß man mit Bombenlegern fertig wird (was ich vorläufig noch nicht bezweifle), meine Sorge aber ist, daß wir mit Schreibtisch- und Kathedertätern nicht fertig werden. Nach den Erfahrungen unseres Volkes darf man aber nicht mehr nachträglich die Kleinen aufhängen, sondern muß rechtzeitig die Anstifter kontrollieren.

Sie weisen darauf hin, daß außer Universitätsgremien und Redaktionsstuben auch noch Regierungen und Parlamente, die Verwaltung und die Rechtspflege, die Gewerkschaften und die wirtschaftlichen Unternehmen wirksam seien. Aber allen diesen Institutionen gelang es bisher nicht, der unheilvollen ideologischen Verführung eines großen Teiles unserer Jugend etwas entgegenzustellen, auch wenn mancherorts guter Wille vorhanden ist.

Sie weisen auf die Krisenfestigkeit unseres Systems in der Vergangenheit hin. Meine Sorge ist aber dessen Bestand in der Zukunft. Im Jahre 1930 hätte ein Reichskanzler auch sagen können: Unser System hat jeden Umsturzversuch überstanden!

Ich glaube nicht, daß die ideologische Potenz der Nazis im Jahre 1930 so stark war wie heute die der Linksextremen, ich glaube auch nicht, daß die Abwehrkräfte heute stärker sind als im Jahr 1930. Wieder trotten die Scharen gedankenloser Mitläufer hinter den Rattenfängern, sie schwätzen und schreiben, wie es ihnen heute eingegeben wird, und sie werden – wenn es zu spät ist – wieder versichern, daß sie es gar nicht so gemeint haben. In unserem Lande werden ja auf Befehl unbegrenzte Opfer gebracht – aber ohne Befehl und aus eigener Vernunft Widerstand zu leisten, ist dieses Landes nicht der Brauch. Kann man denn wirklich nicht aus der Geschichte lernen?

Man kann sich m. E. auch nicht mit der Tatsache beruhigen, daß die extremen Gruppen in sich nicht einig sind. In einem Punkt sind sie sich nämlich durchaus einig: Im Haß auf dieses politische System und in der Absicht, es zugrunde zu richten. Daß sie nach der Zerstörung nichts, geschweige denn etwas Besseres anzubieten haben, merken die Mitläufer erst dann, wenn es zu spät ist.

Deshalb nochmals meine bisher unbeantwortete Frage: Wer wird dieses demokratische System verteidigen, wenn die Mehrheit den Ideologien folgt, die sich an den Universitäten vielfach schon durchgesetzt haben?

Herr Bundeskanzler, ich möchte Sie bitten, diesen Brief als das aufzunehmen, als was er verfaßt wurde: als Ausdruck meiner Sorge. Daß ich mit dieser Sorge nicht allein stehe, bewiesen mir sehr viele zustimmende Briefe, Telegramme und Telefonanrufe. Manche haben sich ausdrücklich als Mitglieder oder Mandatsträger der SPD erklärt und meinem offenen Brief zugestimmt.

Mit den besten Wünschen
bin ich Ihr
K. Steinbuch

Antwortbrief von
Bundeskanzler Willy Brandt
vom 23. Mai 1972

Sehr geehrter Herr Professor Steinbuch,
für Ihren Brief vom 10. Mai danke ich Ihnen, verbunden mit
der Bitte um Ihr Verständnis dafür, daß ich Ihnen nur eine
vorläufige Antwort gebe und im Augenblick die »Offene
Korrespondenz« nicht fortsetze. Nachdem ich Ihnen einmal
sehr ausführlich geantwortet habe und wir inzwischen auch
Gelegenheit zu einem Gespräch hatten, sehe ich, daß ich doch
noch einmal sehr weit ausholen müßte, um Ihnen meine dif-
ferenzierte Position in bezug auf »die« Jugend darzustellen.
Ich hatte geglaubt, keinen Zweifel gelassen zu haben an meiner Intoleranz gegen politische Fanatiker und radikale Gewaltanwendung. Ebenso wie ich eigentlich meine, daß meine
Politik wie meine Worte »praktizierten Gemeinsinn, loyale
Leistungen, Autorität der Erfahrenen (nicht nur, aber auch!)
und Anstand im Zusammenleben«, wie Sie schreiben, fordern
und fördern.
    Ein Satz in Ihrem Brief zeigt mir mehr als alles andere,
daß wir nach wie vor allem in der Analyse der Situation
nicht übereinstimmen. Sie schreiben: »Ich glaube nicht, daß
die ideologische Potenz der Nazis im Jahre 1930 so stark war
wie heute die der Linksextremen, ich glaube auch nicht, daß
die Abwehrkräfte heute stärker sind als im Jahre 1930.« Ich
meine, daß diese Einschätzung der Lage einer nüchternen
Prüfung der tatsächlichen Situation heute nicht standhält,
wobei ich unter Situation gerade auch die Geisteshaltung der
Bürger dieses Staates mitverstehe.
    Dies zu vertiefen aber bedürfte einer gründlichen Darstel-
lung, die die Form eines Briefes sprengt. Ich hoffe, es auf andere Weise einmal nachholen zu können, bitte Sie, mir trotz-

dem zu glauben, daß ich den Anlaß Ihrer Sorge ernst nehme, und bleibe

mit freundlichen Grüßen
Brandt

Karl Steinbuch
Die humane Gesellschaft
Jenseits von Kapitalismus
und Kommunismus

Unsere Gesellschaft lebt zugleich in einem Überfluß und in einem Mangel: Dem Überfluß an Materiellem steht ein Mangel an Orientierungen gegenüber, welche unser Zusammenleben regeln und Hoffnung für die Zukunft geben könnten.

Deshalb möchte ich über etwas reden, was nicht ist, über etwas Ausgedachtes: über die *Hoffnung auf eine humane Gesellschaft.* Hierfür habe ich drei unterschiedliche, aber zusammenhängende Gründe:

1. Meine Generation – die für einen Weltkrieg mißbraucht wurde – hat mehr Grund als andere, sich der Orientierungslosigkeit, der politischen Massenhysterie und der politischen Gleichgültigkeit entgegenzustellen. Wir haben die Erfahrungen mit den schrecklichen Folgen falschen Denkens teuer bezahlt und *müssen* sie weitergeben.
Wer hätte es 1945 – als wir an Gräbern und auf Trümmern standen – geglaubt, daß unsere Generation noch einmal das erleben muß, was sich gegenwärtig in unserem Lande abspielt?

2. Das politische System, das nach schrecklichen Irrtümern in unserem Lande aufgebaut wurde und keinen Vergleich mit anderen Systemen zu scheuen braucht, ist in seiner Substanz gefährdet. Hierbei sind die politisch motivierten Gewaltverbrechen nur die auffällige Spitze, langfristig viel gefährlicher ist die Nicht-Identifikation eines großen Teils unserer Jugend mit diesem Staat, die geistige Vergiftung unserer Gesellschaft, die Verhinderung rationaler Entscheidungen durch den Druck außerparlamentarischer Gruppen und die zunehmende Problemlösungsunfähigkeit unserer Gesellschaft.
Wer hätte z. B. – als uns vor einigen Jahren die Bildungs-

katastrophe bewußt wurde – geglaubt, daß dieses Problem jetzt ungelöst begraben würde?

3. Aber wohl das deprimierendste Erlebnis unserer Zeit ist die stumme Verzweiflung einer Elterngeneration, die nach dem totalen Zusammenbruch Unerhörtes geleistet hat: ein Dach über dem Kopf zu schaffen, die Familie satt zu machen und die Kinder nach bestem Wissen zu erziehen – und die nun erlebt, daß Mühe und Opfer ohne Anerkennung und menschliches Mitgefühl mit Spott, Hohn und gewollter Verletzung quittiert werden.

Diese Motivation ist nicht von der Art, daß man sie parteipolitisch verwenden könnte, es geht hier um das verbindende Selbstverständnis unserer Gesellschaft, um die Herstellung menschlicher Solidarität und *ein bißchen Hoffnung für die Zukunft.*

Ich halte die gegenwärtig so unerfreuliche Entwicklung – vor allem in unserem Lande – für das zwangsläufige und vorhersehbare Ergebnis schwerwiegender Versäumnisse: Wir haben es über der Perfektionierung der Methoden, über Wissenschaft, Technik und Wirtschaft versäumt, darüber nachzudenken, welche Ziele mit diesen Methoden erreicht werden sollen. Wir zahlen heute für das Wirtschaftswunder ebenso wie für die ideologische Prüderie unserer Parteien. Kurzum: Wir leben in einem ideologischen Vakuum, in dem die Rattenfänger leichtes Spiel haben. Deshalb möchte ich hier für das Ziel einer *humanen Gesellschaft jenseits von Kapitalismus und Kommunismus* werben.

(Um einem hier zu erwartenden Mißverständnis vorzubeugen: Ich verwende den Begriff »Ideologie« unpolemisch [vgl. E. Lemberg, Ideologie und Gesellschaft, Verlag Kohlhammer, Stuttgart 1971] als Gesamtheit der Bewertungen, Ziele, Denkmodelle und Vorurteile, welche das Denken und Verhalten eines Menschen oder einer Gesellschaft bestimmt und erlaubt, »gut« und »böse« zu unterscheiden, und das Selbstverständnis der Gesellschaft begründet.)

Wir haben in unserem Lande zwar viele heftige ideologische Auseinandersetzungen, aber sie sind von einer gespenstischen Sterilität. Solche Auseinandersetzungen sollten eigentlich Problemlösungen vorbereiten, aber hier betreibt man sie als ein realitätsentrücktes Spiel, das keine Problemlösungen, sondern nur Haß und Feindschaft erzeugt. Gegen diese unbefriedigende Art ideologischer Auseinandersetzungen gibt es sicher kein Patentrezept, dies braucht vor allem eine zeitgemäße Philosophie, aber man sollte m. E. doch folgende Grundsätze beachten:

1. Man kann politische Theorien nur an ihrer Wirkung auf die Praxis messen, nicht an ihrer intellektuellen Faszination. Deshalb kann man auch die Realität politischer Systeme nur mit der Realität anderer politischer Systeme vergleichen. Der triumphierende Vergleich unseres angeblich so schlechten Systems mit irgendwelchen Denkmodellen ist sinnlos. Realisierte Systeme müssen mit realen Menschen, mit all ihren Untugenden und Irrtümern auskommen, idealisierte Systeme können hierüber leicht hinweggehen.

Bei solch schiefen Vergleichen zwischen realisierten und idealisierten politischen Systemen ergeben sich dann solche abstrusen Argumente, wie sie beispielsweise O. Negt vorbrachte, als er frug:

»... worin eigentlich die ›Vernunft‹ eines Systems bestehen kann, gesellschaftlichen Reichtum zu zerstören, wenn gleichzeitig ein großer Teil der Weltbevölkerung und Minderheiten in den industrialisierten Ländern in wachsendem Elend leben.«

Hierauf antworte ich: Die »Vernunft« dieses Systems besteht darin, daß es bisher noch nirgends wesentlich besser gemacht wurde. Dort, wo andere Prinzipien vorherrschen, ergaben sich andere Nachteile, so vor allem eine gigantische Bürokratie samt unglaublichen Fehlplanungen. Wer so kritisiert wie O. Negt, der sollte aufmerksam die praktischen Erfolge seiner Brüder im Geist verfolgen.

2. Wir müssen die bei uns verbreitete ideologische Prüderie aufgeben, welche uns selbst darüber hinwegtäuscht, daß unser Verhalten durch spezifische Bewertungen, Ziele, Denkmodelle und Vorurteile bestimmt ist. Diese Selbsttäuschung hat häufig zur Folge, daß wir die wirtschaftliche Steuerung des Geschehens als nicht ideologisch, also gut hinnehmen, während wir die Orientierung politischen Geschehens an den

Bedingungen der menschlichen Existenz möglicherweise als ideologisch, also schlecht ansehen.

Durch diese ideologische Prüderie ziehen wir uns von dem Kampfplatz zurück, auf dem über die Zukunft entschieden wird. Die Selbsteinschätzung darf also nicht sein: »Wir sind ideologiefrei«, sondern muß sein: »Wir haben eine Ideologie, die wir nach schweren Erfahrungen für die beste halten, und stellen uns der Auseinandersetzung.«

Bei der gegenwärtigen Frontstellung müssen wir auch den Mut haben, das Selbstverständliche auszusprechen, das sich heute oft nicht mehr von selbst versteht. Mit solch unverantwortlichen Phrasen wie z. B.: »Viele Vietnams zu schaffen«, kann man die Öffentlichkeit und die Publizistik leicht beeindrucken, aber für die Überzeugung, daß eine heile Welt besser sei als eine unheile Welt, wird man keine Aufmerksamkeit finden. Hier braucht es den Mut zur Banalität.

Auch auf die Gefahr hin, gründlich mißdeutet zu werden, möchte ich sagen: Der mißbrauchte, antiquierte und verlachte gesunde Menschenverstand hat mehr Vernunft in sich als das weltfremde, theoretisierende und diffamierende »kritische Bewußtsein«, von dem der Chor der Phantasten das Heil der Erde erwartet. In ihm stecken Jahrtausende menschlicher Erfahrung.

Um die voraussehbaren Mißdeutungen in Grenzen zu halten: Ich bin nach wie vor für ein kritisches Bewußtsein, aber es muß tatsächlich auch kritisch sein. Nicht jeder, der giftige Phrasen drischt, hat ein kritisches Bewußtsein. Hinter vielen giftigen Phrasen verbirgt sich totaler Konformismus oder innersekretorische Störungen, keinesfalls irgendein Bewußtsein, geschweige denn ein kritisches Bewußtsein.

3. Wir müssen wieder ein nüchternes Verhältnis zu unserer eigenen Geschichte finden: Man kann die deutsche Geschichte nicht auf die Untaten Hitlers reduzieren. Da gab es auch noch sehr viel anderes, z. B. die Aufforderung, so zu handeln, daß die Maxime unseres Willens zugleich als Prinzip einer allgemeinen Gesetzgebung dienen könnte; einen König, der sich selbst als den ersten Diener seine Staates verstand, und einen, der angesichts von Kaiser und Reichstag sagte: »Hier stehe ich, ich kann nicht anders!« Ich meine, ein nüchternes

Verhältnis zu unserer Geschichte begründet *nicht* die unbegrenzte Zerknirschung und Selbstkasteiung, die uns manche einreden wollen. Daß dieses nüchterne Verhältnis zur eigenen Geschichte nichts mit Chauvinismus zu tun hat, sei ausdrücklich festgestellt.

Was wir aus unserer Geschichte aber vor allem lernen sollten, ist die äußerste Wachsamkeit gegenüber politischen Rattenfängern. Wir ließen uns vor vierzig Jahren verführen, dies darf sich aber nicht noch einmal wiederholen.

Darf ich bitte hier aus aktuellem Anlaß etwas abschweifen: Mir wurde vorgeworfen, der Vergleich zwischen der Situation im Jahre 1930 und der im Jahre 1972 sei unzulässig. So sagte beispielsweise der Herr Bundeskanzler (in der »ZEIT« vom 2. Juni 1972):

»Ich nehme das, was Professor Steinbuch schreibt, ganz ernst – auch die Sorgen, die er formuliert hat. Aber ich halte seine Analyse für falsch, und ganz besonders den Vergleich mit dem Ende der Weimarer Republik. Das sieht soziologisch heute ganz anders aus.«

Ich kann dem Herrn Bundeskanzler erneut nicht folgen und möchte dies begründen:

Selbstverständlich gibt es keine zwei identischen historischen Situationen, und wer sagt, die zwei Situationen unterscheiden sich, der hat immer recht. Man steigt schließlich nie zweimal in denselben Fluß. Die wesentliche Frage ist aber, ob die sozialpsychologischen Situationen 1930 und 1972 einander ähnlich sind. Diese Frage kann man sicher nicht verneinen, ja es finden sich sogar ganz überraschende Parallelen:

Beide Bewegungen – die der Nazis in den dreißiger Jahren und die der Spätmarxisten in unserer Zeit – begannen mit der Unzufriedenheit über unbestreitbare Mißstände. Beidesmal wird darauf verzichtet, an deren Beseitigung mitzuarbeiten, der eigene Standpunkt wird über die unbefriedigende Realität hinausgeschleudert und alle Schuld an den Mißständen einer hierfür verantwortlich gemachten Negativgruppe angelastet. Ob hierbei alles in Scherben fällt, schert die Extremisten heute sowenig, wie es einst die Nazis scherte. Bei den Nazis begann es mit der Unzufriedenheit über nationale und wirtschaftliche Mißstände. Absoluter Bezugspunkt war ein hypertrophierter Nationalismus. Die Schuld an den Mißständen wurde einem mystischen Komplott von Juden und Freimaurern angelastet.

Wenig anders bei unseren Spätmarxisten: Ihr Ausgangspunkt ist die Unzufriedenheit mit unbestreitbaren Mißständen im sozialen, wirtschaftlichen und Bildungsbereich. Absoluter Bezugspunkt ist hier das »wahre Bewußtsein«, das keiner Bestätigung durch die Erfahrung bedarf. Die Schuld an den Mißständen dieser Welt wird vor allem den »Technokraten« und dem »Establishment« angelastet.

Ich möchte vor der Euphorie warnen, nach Zerschlagung der Baader-Meinhof-Bande seien unsere Probleme gelöst und unsere Situation wieder normal. Nein: Wer noch sensibel ist gegenüber den revolutionären Zielen, Vorurteilen und Sprüchen, der erkennt, wie sehr unsere Publizistik durchdrungen ist von dem Geist, aus dem die Systemzerstörung herauswächst. Keinen Optimismus begründet auch die radikale Indoktrination der vielen Pädagogen, Soziologen und Politologen, die Jahr um Jahr die Hochschulen verlassen und nun ihren »Geist« in die Gesellschaft hineintragen: In die Schulen und Redaktionsstuben.

Ob wir vor einer Machtübernahme durch eine radikale Bewegung stehen, weiß ich nicht. Ich halte aber die Möglichkeit für gegeben: Die ideologische Potenz der Systemzerstörer ist heute nicht kleiner als die der Nazis im Jahre 1930, und die Abwehrkräfte sind nicht stärker. Die Frage ist, ob dieses politische System in innere oder äußere Krisen gerät oder nicht. Im Krisenfall – so fürchte ich – hat dieses politische System wenig Widerstandskraft, es ist intellektuell zum Umsturz vorbereitet.

Doch zurück zum Thema, der humanen Gesellschaft: Ein *Plädoyer für eine humane Gesellschaft* muß sich zuerst von den beiden großen Simplifikationen unserer Zeit abgrenzen: Vom unkontrollierten Kapitalismus und vom Kommunismus. Diese beiden Simplifikationen sind zwar von ganz verschiedener Herkunft (einerseits unreflektierte Praxis und andererseits unerprobte Theorie), aber sie haben beide ihr Unvermögen zum Aufbau einer humanen Gesellschaft deutlich gezeigt.

36

Ich halte es für erwiesen, daß ein unkontrollierter Kapitalismus außerstande ist, unsere lebenswichtigen Probleme zu lösen: Sozialer Friede, Chancengleichheit, Bildungsreform, Gesundheitswesen, Stadtsanierung, Umweltschutz. Angesichts der gegenwärtigen Komplexität gesellschaftlicher und politischer Probleme erwachsen optimale Lösungen nicht aus dem gebündelten Erwerbsstreben, vielmehr aus einem gesellschaftlichen Gesamtentwurf. Hierzu muß der Staat in Zukunft wohl über einen größeren Teil des Sozialprodukts verfügen als in der Vergangenheit.

Auch die einseitige Bestimmung wirtschaftlicher Entscheidungen durch das Kapital ist unerträglich: Die arbeitenden Menschen müssen am Entscheidungsprozeß beteiligt sein.

Schließlich muß die wohlbegründbare Forderung unseres Grundgesetzes, daß Eigentum verpflichte und sein Gebrauch dem Wohle der Allgemeinheit dienen solle, in stärkerem Maße verwirklicht werden.

Diese Distanzierung von einem unkontrollierten Kapitalismus bedeutet aber nicht, daß ich auf die Wohltaten der Marktwirtschaft verzichten möchte. Die marktwirtschaftliche Ordnung bringt der Mehrzahl unserer Bürger große Vorzüge, die wir erhalten sollten. Nur eben, wo sich Kapitalmacht ohne politische Kontrolle auswirkt, da kehren sich die Vorzüge in Nachteile um.

Diese Distanzierung von einem unkontrollierten Kapitalismus mag dem unnötig erscheinen, der die Polarisierung der ideologischen Auseinandersetzung in unserem Lande nicht kennt. Noch nie wurde von den extremen Linken so rücksichtslos das Prinzip vertreten, daß, wer nicht mit ihnen ist, ein Knecht kapitalistischer Machenschaften sei.

Ich möchte mich aber ebenso deutlich von den verschiedenen Spielarten des Marxismus abgrenzen, sei es von den etablierten oder sei es von den zahlreichen akademischen Varianten.

Ich halte es für erwiesen, daß der Marxismus-Leninismus dort, wo er realisiert wurde, seine Versprechungen nicht einhalten konnte: Herrschaftsstrukturen sind nicht abgebaut, sondern lediglich von anderen Herrschern übernommen, die Meinungsmanipulation ist schlimmer als andernorts, die

37

Kreativität des einzelnen rigoros eingeschränkt, die Städte noch unwirtlicher, die Umwelt so ungeschützt wie andernorts. Daß die Außenpolitik kommunistischer Länder weniger imperialistisch und ihre Entwicklungshilfe selbstloser als die der »kapitalistischen« sei, kann bestritten werden.

Mein entschiedener Widerstand gegenüber kommunistischer Indoktrination rührt auch aus der Erfahrung, daß es noch keiner Gesellschaft gelang, das kommunistische Experiment rückgängig zu machen. Man kann eben nicht versuchsweise »ein bißchen« Kommunismus haben.

Ebenso wie ich mich gegen den etablierten Kommunismus stelle, widerspreche ich auch seinen zahlreichen theoretischen Spielarten. Ihre Ziele sind zwar großenteils respektabel: Mitgefühl mit den Unterprivilegierten, Abbau von Herrschaftsstrukturen, Chancengleichheit usw. Aber offensichtlich wurde bisher kein Weg gefunden, diese respektablen Ziele zu erreichen, die bisherige Wirkung ging kaum über die Zerstörung funktionierender Strukturen hinaus, dazu kommt die fortwährende Vergiftung unseres Zusammenlebens und die Zerstörung der Solidarität bei der Lösung unserer Probleme. Schließlich ist zu fürchten, daß nach dem Fehlschlagen der dilettantischen Umsturzversuche das letzte Rezept doch ein doktrinärer Kommunismus sein wird.

Nach diesen kurzen Abgrenzungen gegenüber dem unkontrollierten Kapitalismus und dem Kommunismus sollte nun positiv gesagt werden, was für die gedachte »humane« Gesellschaft kennzeichnend ist. Diese Kennzeichnung »human« darf ja nicht zur Leerformel werden.

Dies ist aber sehr schwer. Der verstorbene Klaus Tuchel hat schon vor Jahren beklagt, wie unergiebig unsere Philosophie im Hinblick auf die Bedingungen einer wünschenswerten menschlichen Zukunft ist, er spricht von ihrer Unfähigkeit, auf wichtige Fragen befriedigende Antworten zu geben (Klaus Tuchel, Ziele und Aufgaben einer Philosophie der Gesellschaft, in: »Frankfurter Hefte«, 25. Jg., Heft 5, Mai 1970, S. 319–325).

Ähnlich sagte Joshua Lederberg: »... wir können nicht eine Ewigkeit auf die Art Philosophie warten, die für unsere Lösungen eine Basis abgäbe.«

Ich nehme nicht in Anspruch, diesen offensichtlichen Mangel hier beseitigen zu können, aber ich möchte immerhin auf einige wichtige Ansätze verweisen, die zeigen, daß der Begriff »humane Gesellschaft« in unserer Zeit mehr als eine Leerformel ist.

Hierzu möchte ich einerseits auf die materiellen Voraussetzungen eingehen, die erfüllt sein müssen, damit auch noch in hundert oder zweihundert Jahren Menschen auf dieser Erde leben können, ohne dies als eine Qual zu empfinden, und andererseits – allerdings leider sehr kurz – auf die psychischen und sozialen Bedingungen.

Die materiellen Voraussetzungen für die zukünftige Existenz von Menschen auf dieser Erde werden vor allem durch das Weltmodell des »Club of Rome« untersucht. Dieser »Club of Rome« ist ein informeller Zusammenschluß von gegenwärtig etwa 60 Mitgliedern (Wissenschaftler verschiedener Fachrichtungen, Wirtschaftler, Humanisten) aus 25 Staaten aller Erdteile. Er wurde im Jahre 1968 gegründet, um die Ursachen der drohenden Menschheitsprobleme zu untersuchen. Das Zentrum des »Club of Rome« ist am MIT in den USA. Seine Forschungsarbeiten werden von der Stiftung Volkswagenwerk gefördert. Über die Ergebnisse liegen zwei Bücher vor: D. Meadows, »Grenzen des Wachstums« (Deutsche Verlags-Anstalt, Stuttgart 1972), und J. W. Forrester, »Der teuflische Regelkreis« (Deutsche Verlags-Anstalt, Stuttgart 1972).

Das zentrale Forschungsobjekt des »Club of Rome« ist ein »Weltmodell«, das unsere Vorstellungen von den langzeitlichen weltweiten Problemen durch Ausnützung und Verknüpfung großer Informationsmengen verbessern soll. Es bildet vor allem die folgenden fünf Merkmale der zukünftigen Entwicklung ab:

Die zunehmende Industrialisierung,
das Bevölkerungswachstum,
die Welternährung,
den Abbau der Rohstoffreserven und
die Zerstörung des Lebensraums.

Zwischen diesen Merkmalen bestehen zahlreiche Wechselwirkungen. Mit Hilfe des »Weltmodells« wird versucht, durch Simulation auf dem Computer die sich einstellenden Zustände für den Zeitraum eines Jahrhunderts abzuschätzen.

Die beteiligten Wissenschaftler sind sich der begrenzten Beweiskraft ihres Weltmodells bewußt: Weder ist die Abbildung der Weltrealität im Weltmodell befriedigend, noch gestattet die Indeterminiertheit des realen Geschehens überhaupt zuverlässige Voraussagen. Die Rechtfertigung für den Aufbau eines derartigen Weltmodells ist, daß die Grundlagen politischer Entscheidungen normalerweise noch viel unzureichender sind.

Man kann den »Club of Rome« gegenüber überheblicher Kritik so verteidigen: Zweifellos ist das Weltmodell methodologisch unvollkommen und nicht zu vergleichen mit manchen Modellen einfacher Sachverhalte; aber vor der Frage, ob die Probleme der Zukunft nur intuitiv oder mit Hilfe solcher Näherungs-Modelle gelöst werden sollen, ist der zweite Weg sicher der bessere. Weiter ist zu bedenken, daß das Weltmodell sich fortwährend verbessern läßt: sowohl hinsichtlich der abbildenden Strukturen als auch der Wechselwirkungen als auch der Menge der ausgewerteten Informationen.

Die vorläufigen Schlußfolgerungen aus den Arbeiten am Weltmodell sind (nach dem Buch »Die Grenzen des Wachstums«):

»1. Wenn die gegenwärtige Zunahme der Weltbevölkerung, der Industrialisierung, der Umweltverschmutzung, der Nahrungsmittelproduktion und der Ausbeutung von natürlichen Rohstoffen unverändert anhält, werden die absoluten Wachstumsgrenzen auf der Erde im Laufe der nächsten hundert Jahre erreicht. Mit großer Wahrscheinlichkeit führt dies zu einem ziemlich raschen und nicht aufhaltbaren Absinken der Bevölkerungszahl und der industriellen Kapazität.

2. Es erscheint möglich, die Wachstumstendenzen zu ändern und einen ökologischen und wirtschaftlichen Gleichgewichtszustand herbeizuführen, der auch in weiterer Zukunft aufrechterhalten werden kann. Er könnte so erreicht werden, daß die materiellen Lebensgrundlagen für jeden Menschen auf der Erde sichergestellt sind und noch

immer Spielraum bleibt, individuelle menschliche Fähigkeiten zu nutzen und persönliche Ziele zu erreichen.

3. Je eher die Menschheit sich entschließt, diesen Gleichgewichtszustand herzustellen, und je rascher sie damit beginnt, um so größer sind die Chancen, daß sie ihn auch erreicht.«

D. Meadows schreibt:

»So seltsam es auch klingt: Wenn man nichts unternimmt, diese Probleme zu lösen, ist das gleichbedeutend mit sehr großen Anstrengungen. Jeder Tag weiteren exponentiellen Wachstums treibt das Weltsystem näher an die Grenze... Wenn man sich entscheidet, nichts zu tun, entscheidet man sich in Wirklichkeit, die Gefahren des Zusammenbruchs zu vergrößern. Wir können nicht mit Sicherheit vorhersagen, wie lange der Mensch Kontrollmaßnahmen gegen das Wachstum noch hinausschieben kann, ehe er die Möglichkeit dazu verliert... Was noch fehlt, ist ein realistisches, auf längere Zeit berechnetes Ziel, das den Menschen in den Gleichgewichtszustand führen kann, und der menschliche Wille, dieses Ziel auch zu erreichen. Ohne dieses Ziel vor Augen fördern die kurzfristigen Wünsche und Bestrebungen das exponentielle Wachstum und treiben es gegen die irdischen Grenzen und in den Zusammenbruch. Mit diesem Ziel als Leitlinie wäre die Menschheit gerüstet für den geordneten und kontrollierten Übergang vom Wachstum zu einem weltweiten Gleichgewicht.«

Die Konsequenzen dieser Untersuchungen sind vor allem für die Wirtschaft sehr tiefgehend: Sie muß einen Weg aus der Wachstumsideologie hin zum Gleichgewichtsdenken finden. Dies ist zwar scheinbar einfach: Warum sollten Güter nicht auch in konstanten, nicht wachsenden Mengen produziert werden können? Praktisch zwingt aber die Konkurrenz zum Wachstum. Deshalb ist die Lösung dieses Problems praktisch außerordentlich schwierig, vergleichbar dem bisher ungelösten Problem der weltweiten Kriegsverhütung.

Bei den Versuchen, dieses Problem zu lösen, zeigt es sich auch, daß zur Feindpartei wir alle gehören, wir erwarten steigenden Wohlstand und steigendes Einkommen. Dieser Erwartung muß durch Erziehung und Aufklärung entgegengetreten werden. Ebenso wie der Öffentlichkeit in den letzten Jahren bewußt wurde, daß die Umwelt geschützt werden muß, so muß ihr in den nächsten Jahren auch bewußt werden, daß sie nicht immer mehr konsumieren kann, vielmehr bewußte Enthaltsamkeit und bewußter Verzicht unumgänglich sind. Dies dürfte erleichtert werden durch die Einsicht, daß die subjektiv empfundene Lebensqualität kaum mehr vom weiteren Konsum abhängt, vielmehr von Dienstleistungen und sozialen Kontakten.

Daß für eine solche Entwicklung der Staat stärker als bisher in das Wirtschaftsgeschehen eingreifen muß, sei deutlich gesagt. Unvermeidbar ist der Weg von der naiven Marktwirtschaft über die soziale Marktwirtschaft zu einer vernünftigen Politik, die nicht mehr vorwiegend durch wirtschaftliche Interessen bestimmt ist.

Die menschliche Existenz darf aber nicht auf die materiellen Bedingungen reduziert werden: Ebenso muß geklärt werden, welche psychischen und sozialen Bedingungen Voraussetzungen eines wünschbaren menschlichen Lebens sind. Ansätze hierzu finden sich bei R. F. Behrendt (Lob des Westens, Verlags-AG Die Arche, Zürich 1971):

Die humane Utopie der Gesellschaft als Gemeinwesen:
Ehrfurcht vor dem Leben,
Wertung des gesellschaftlichen Raumes als Mittel der Lebensoptimierung für konkrete Menschen,
Mitmenschlichkeit, Zusammenarbeit, Beteiligung.

Gesellschaftliche Mündigwerdung:
Lebenslängliche Reformtätigkeit,
Rational gelenkter Selbsterhaltungstrieb,
Schätzung des Pluralismus der Werte, Interessen und Erfahrungen.

Bewußte Gestaltung der zukünftigen menschheitlichen Entwicklung:
Anerkennung der globalen Nachbarschaft,
Anerkennung der Dynamik,
Demokratie als weit gestreute verantwortliche Beteiligung aller an der Gestaltung.

K. Tuchel schrieb (a.a.O.):
»Überleben heißt Frieden halten und Vermeiden von Ge-

walt jeder Art, es heißt zureichende Versorgung aller Menschen mit Nahrung, Wohnung, Kleidung, Arbeit, Information. Es heißt freie Entfaltung der Fähigkeiten des einzelnen durch gleiche Chancen für alle im Rahmen der gesellschaftlichen Bindungen, in denen er lebt. Menschenwürdiges Überleben bedeutet auch Toleranz, Geduld, Freundschaft, Muße, Kreativität, Liebe. In einem Satz: Menschenwürdiges Leben ist ein Leben frei von Angst im Vertrauen auf eine praktizierte allgemeine menschliche Solidarität.«

Ich halte das, was bisher zu den psychischen und sozialen Bedingungen einer humanen Gesellschaft gesagt wurde, in Übereinstimmung mit Klaus Tuchel und Joshua Lederberg für unbefriedigend. Besonders der Vergleich mit der intensiven theoretischen Begründung des Sozialismus zeigt es deutlich, wie wenig Geist bisher dazu benutzt wurde, unser politisches System theoretisch zu begründen: Es funktioniert, es funktioniert sogar sehr gut, vom vorausgesagten Zusammenbruch ist gar keine Rede, aber man weiß nicht, warum es so gut funktioniert, man läßt sich fortwährend verblüffen, ist außerstande, Wesentliches vom Unwesentlichen zu scheiden, und macht sich überhaupt keine ernsthaften Gedanken darüber, nach welchen Orientierungen sich dieses wohlfunktionierende System in der Zukunft entwickeln könnte.

Der bisher unbefriedigende Beitrag unserer Philosophie zum Aufbau verbindlicher Bewertungen ist wahrscheinlich nicht zufällig, sondern hat einen verstehbaren Grund: Die rationale Argumentation über das, was wir wollen, scheint ein Widerspruch in sich selbst zu sein. Der Bereich des Gehirns, der rationaler Argumentation zugänglich ist, ist ein anderer als der Bereich, der unsere Wertvorstellungen bestimmt.

Dies sei an einem trivialen Beispiel veranschaulicht: Ich habe die Publikationen der Seewiesener Verhaltensforscher mit Interesse gelesen. Aber viel stärker beeindruckt als diese rationale Mitteilung hat mich die unmittelbare Begegnung mit einer Graugans, die ihren toten Partner verzweifelt suchte.

Vielleicht liegt hier der Grund für die bisherigen Mißerfolge, durch rationale Kommunikation Wertsysteme weiterzugeben: Dies gelingt kaum über die Abstraktion, dies setzt die konkrete Begegnung voraus.

Das religiöse Vorgehen, vorbildliche Menschen in wesentlichen Lebenssituationen deutlich vorzustellen, ist offensichtlich wirksamer. Der eindringlich dargestellte Lebensweg des Christus oder Buddha verändert unsere Werthaltung viel stärker als abstrakte Moraldiskussionen.

Eine ähnliche Wirkung hat zweifellos die künstlerische Darstellung bestimmter Verhaltensformen, beispielsweise im Theater. Friedrich Schillers Betrachtung der Schaubühne als moralische Anstalt hat einen hohen Aktualitätswert in einer Zeit, in der die Brutalität im Fernsehen als Voraussetzung hoher Sehbeteiligung verteidigt wird.

Der Niedergang unserer Universitäten scheint mir auch dadurch begründet zu sein, daß sie immer weniger Gelegenheit zur Begegnung mit vorbildlichen Lehrern geben, dafür immer mehr Raum für wenig vorbildliche Funktionäre.

Ich sprach bisher über die Hoffnung auf eine humane Gesellschaft jenseits von Kommunismus und Kapitalismus. Ich möchte nun diskutieren, was geschehen kann, um diesem Ziel näher zu kommen. Hierzu ist meine Überzeugung: Das politische System, das in der Bundesrepublik Deutschland nach schweren historischen Irrtümern aufgebaut wurde, bietet die besten Chancen für eine humane Gesellschaft.

Wenn wir unser politisches System *nicht* an irgendwelchen ausgedachten Modellen messen, vielmehr an der Realität anderer Systeme – seien es nun Systeme in anderen Ländern oder Systeme zu anderen Zeiten –, dann müssen wir zugeben, daß unser politisches System nicht sehr schlecht, sondern relativ gut ist. Durch die Zerstörung dieses Systems würden unsere lebenswichtigen Probleme nicht gelöst: Weder der Städtebau noch das Verkehrsproblem, noch der Umweltschutz. Wo sich dieses System bisher als unfähig zeigte, z. B. zur Lösung des Bildungsproblems, da lag dies vor allem an seiner bisherigen ideologischen Hilflosigkeit und an der Rücksichtslosigkeit bei der Durchsetzung von Gruppeninteressen.

Ich bin nicht der Ansicht, daß die Problemlösungsunfähigkeit – beispielsweise im Bildungsbereich – ausschließlich durch die groteske Fehlorganisation, das »Kabarett der Komitees« erklärt werden kann, ich glaube vielmehr, daß der tieferliegende Grund das Fehlen einer verbindenden Ideologie ist. Wenn wir ein Minimum übereinstimmender Bewertungen und Ziele hätten, dann könnten wir auch bei schlechter Organisation reformieren.

Wir müssen uns endlich zur Einsicht in die Ursachen unserer Problemlösungsunfähigkeit durchringen: Wo eine Gesellschaft keine ideologische Übereinstimmung mehr hat, können keine gesellschaftlichen Probleme mehr gelöst werden. Die ideologische Übereinstimmung führt zur Verminderung der Konflikte, das Fehlen ideologischer Übereinstimmung zu ihrer Vermehrung. Mein Plädoyer für eine humane Gesellschaft ist der Versuch, für eine teilweise ideologische Übereinstimmung zu werben.

Als besonderen Vorzug unseres politischen Systems sehe ich auch seine Reversibilität, also die Möglichkeit, politische Entscheidungen wieder rückgängig zu machen, während andernorts auch bei eindeutigem Mehrheitswillen Doktrinen und Herrschaftsverhältnisse nicht mehr abgebaut werden können.

Ich widerspreche entschieden der Propagandathese, dieses politische System müsse an seinen »inneren Widersprüchen« zugrunde gehen, ich bin im Gegenteil davon überzeugt, daß kein anderes System zum Abbau innerer Spannungen besser geeignet ist als unseres.

Kurz gesagt: Ich glaube, daß unser politisches System einer humanen Entwicklung die besten Möglichkeiten bietet, allerdings auch an Intelligenz und Moral seiner Bürger die höchsten Anforderungen stellt.

Das Bekenntnis zur Erhaltung dieses politischen Systems darf nicht als konservative Starrheit verstanden werden: Angesichts der veränderlichen politischen, sozialen, wirtschaftlichen und technischen Bedingungen muß dieses System auch fortwährend verändert werden. Dies setzt vor allem die vorausschauende Klärung der notwendigen Veränderungen und Herstellung veränderbarer Strukturen voraus. Hierzu müssen die Trägheit des Denkens, die organisatorische Immobilität und der Egoismus von Individuen und Gruppen abgebaut werden.

Aber man darf Veränderungen nicht blindlings und ohne Einsicht in die Folgen erzwingen. Reformen brauchen viel Voraussicht und Verantwortungsbewußtsein: Die tradierten Denk- und Verhaltensformen sind das Ergebnis eines unermeßlichen historischen Optimierungsprozesses, die man nicht leichtfertig aufgeben darf.

Unter der Devise »Emanzipation!« wird gegenwärtig in unserem Lande eine unreflektierte und verantwortungslose Traditionszerstörung veranstaltet. Manche meinen, die geschichtliche Entwicklung führe von der totalen Abhängigkeit des Urmenschen über die Aufklärung geradlinig zur totalen Unabhängigkeit des Menschen der Zukunft. Diese Meinung ist sicher falsch: Die menschliche Kultur wird auch in Zukunft Verhaltensnormen voraussetzen. Angesichts der zunehmenden Menschenzahlen, wachsenden Ansprüche und sozialen Abhängigkeiten wird die Zahl dieser Verhaltensnormen in Zukunft nicht abnehmen, sondern wahrscheinlich noch zunehmen. Die totale Emanzipation ist ein irreführendes Klischee.

Als wesentlicher Unterschied zwischen den Normen der Vergangenheit und denen der Zukunft erscheint mir: Konnten einst Verhaltensnormen, möglicherweise herrschaftsbegründende Verhaltensnormen ohne verstehbare Rechtfertigung anerzogen oder erzwungen werden, so wird Voraussetzung aller in Zukunft durchsetzbaren Verhaltensnormen sein, daß sie durch verstehbare Notwendigkeiten begründet werden. Die bemerkenswerteste Veränderung unserer Zeit ist also nicht die Preisgabe von Normen, sondern die Art ihrer Begründung: Es geht jetzt nicht mehr um metaphysische Rechtfertigung – oder wenigstens nicht in erster Linie –, sondern um die Einsicht in die Folgen von Normverstößen.

Die gegenwärtige ideologische Auseinandersetzung in unserem Lande richtet sich u. a. gegen das Leistungsprinzip. Ich möchte mich diesem Angriff entgegenstellen: Keine Gesellschaft kann je mehr geben, als sie leistet. Deshalb muß vor jeder Forderung an die Gesellschaft die Leistung für die Gesellschaft kommen.

Die aktuellen Probleme, wie soziale Sicherheit, Gesundheitswesen, Bildungsreform, Stadtsanierung, Verkehr, Umweltschutz, Entwicklungshilfe usw. können ohne angemessene Leistungen nicht gelöst werden.

Aber nicht nur die wirtschaftlichen, sondern auch die psychischen Folgen des Leistungsabbaus sind bedenklich: Der Leistungsabbau führt zu einer psychischen Verarmung des Menschen. Der Mensch wächst mit seinen Leistungen, seien es nun handwerkliche, technische, wissenschaftliche, organisatorische, sportliche, ästhetische oder moralische Leistungen. *Der Menschentyp, der sich hier ohne Leistungswillen produziert, ist nicht geeignet, uns vom Gegenteil zu überzeugen.* Es spricht auch nichts dafür, daß durch den Leistungsabbau das subjektive Glück zugenommen hätte, es spricht aber sehr viel dafür, daß durch den Leistungsabbau neurotische Tendenzen verstärkt werden.

Um hierbei ortsübliche Mißdeutungen auszuschließen: Leistung ist nicht zwangsläufig eine unkritische Anpassung an vorgegebene Normen, zu ihr gehört auch die Auseinandersetzung mit den Anforderungen. Dies allerdings mit angemessenem Sachverstand und hoher Verantwortlichkeit.

Die gefährlichsten Angriffe gegen unser politisches System stammen zweifellos aus dem akademischen Bereich. Die Autonomie der Universitäten wurde zum Freiraum für revolutionäre Ideologien. Ich halte es für unerträglich, daß unsere Universitäten dazu mißbraucht werden, durch wenig kompetente Minoritäten eine Revolution gegen den Willen der arbeitenden Mehrheit zu organisieren. Ich halte es für unvermeidbar, daß die bisher undeutliche Autonomie der Universitäten gründlicher als bisher durchdacht und praktiziert wird.

Die garantierte Freiheit von Forschung, Lehre und Studium hat zwei scheinbar selbstverständliche Voraussetzungen:

a) Ein Wissenschaftsverständnis, bei dem Theorien ohne unmittelbaren Handlungsappell diskutiert werden können, und

b) die Anerkennung des Staates als legitimen Sachwalter der Gesellschaft.

Die Freiheit von Forschung, Lehre und Studium kann dann aber nicht mehr aufrechterhalten werden, wenn

a) sich ein Wissenschaftsverständnis durchsetzt, das nicht

mehr auf theoretische Reflexion, sondern auf unmittelbaren Handlungsappell zielt, und

b) wenn dessen Vertreter behaupten, das »wahre Bewußtsein« zu haben und deshalb auch gegen die demokratische Legitimation mit Wort und Tat vorgehen zu können.

Wo diese selbstverständlichen Voraussetzungen für die Freiheit von Forschung, Lehre und Studium verlorengingen, ist sie in der bisherigen unbegrenzten Form nicht mehr aufrechtzuerhalten, wenn der Staat sich nicht selbst aufgeben will.

Bei aller Anerkennung für die Erledigung unserer politischen Tagesgeschäfte kann man unseren demokratischen Parteien den Vorwurf kaum ersparen, daß sie sich der theoretischen Begründung unseres Systems und den Angriffen der Systemzerstörer nicht wirkungsvoll stellen. Was P. Glotz im Hinblick auf die SPD geschrieben hat, gilt sinngemäß wohl auch für andere Parteien (P. Glotz, Systemüberwindende Reformen? in: »Politik und Zeitgeschichte« vom 22. April 1972, S. 3–23):

»Diese Antworten ... sind ganz und gar nicht in der Lage, der emotionalen Durchschlagskraft neomarxistischer Formeln etwas entgegenzusetzen ...«

Die Auseinandersetzung mit den Systemzerstörern war bisher überwiegend eine Privatsache weniger, vor allem in Universitäten und Schulen. Hierbei erhielten sie von den Parteien nur wenig Unterstützung.

Ich halte es für leichtfertig, wenn unsere demokratischen Parteien sich in vordergründiger Geschäftigkeit erschöpfen und die Grundlage ihrer Arbeit, die Existenz dieses Staates vernachlässigen. Sie sollten sich ernsthaft daranmachen, dieses politische System so zu begründen, daß

seine Bürger durch die dialektische Raffinesse der Systemzerstörer nicht verblüfft werden können,
seine Organisationsstrukturen den wechselnden Bedingungen in sinnvoller Weise angepaßt werden können, und
seine Zukunft überzeugend dargestellt werden kann.

Vor der Frage, wie wir der humanen Gesellschaft jenseits von Kapitalismus und Kommunismus näherkommen können, dürfen wir aber nicht nur Forderungen an andere stellen. Der erste und wichtigste Schritt ist, daß jeder an seiner Stelle sich in Wort und Tat für das einsetzt, was Klaus Tuchel (a. a. O.) so zusammenfaßte:

»Menschenwürdiges Leben ist ein Leben frei von Angst im Vertrauen auf eine praktizierte allgemeine menschliche Solidarität.«

Peter Glotz
Systemüberwindung?
Zur sozio-psychologischen Analyse
unserer Gesellschaft

Ich möchte versuchen, den Begriff der »systemüberwindenden Reform« – so wie er von denen, die ihn heute gebrauchen, gemeint ist – kurz darzustellen, zu definieren und dann dazu in sechs Thesen Stellung zu nehmen. Die sechs Thesen enthalten auch meine Kritik an der Position von *Karl Steinbuch,* wie sie in seinem Briefwechsel mit *Willy Brandt* markiert worden ist. Lassen Sie mich aber bitte eine kurze Vorbemerkung machen. Ich spreche hier aus meiner persönlichen Erfahrung; und das ist nicht die Erfahrung eines Wissenschaftlers, eines Politologen, sondern die Erfahrung eines Politikers. Meine Bitte also: Nehmen Sie es mir nicht übel, wenn ich von den Erfahrungen in meiner Partei, in der Sozialdemokratie, ausgehe. Mag sein, daß die Wirklichkeit in dieser Partei in manchen Fragen von der Wirklichkeit in anderen Konfliktfeldern – etwa der Universität – verschieden ist. Insgesamt aber spiegeln die Auseinandersetzungen in der SPD die Auseinandersetzungen im gesamten, weiteren »linken Spektrum« unserer Gesellschaft – wenn auch möglicherweise in einer bestimmten Perspektive. Das, was heute in der Sozialdemokratie diskutiert wird, ist symptomatisch für wichtige geistige Strömungen in den Industriegesellschaften des 20. Jahrhunderts.

Was ist eigentlich Systemüberwindung bzw. die Strategie systemüberwindender Reformen?

Lassen Sie mich das durch Originalzitate erläutern. Dieses Konzept geht aus von der klassischen marxistischen Analyse eines kapitalistischen Industriestaates. Ich zitiere die neuesten Dokumente, die dazu vorliegen, nämlich die Ergebnispapiere des sogenannten Strategiekongresses der Jungsozialisten. Dort heißt es beispielsweise:

»Die Gesellschaftsordnung der Bundesrepublik ist vom Grundwiderspruch aller kapitalistischen Gesellschaftsordnungen geprägt, dem Widerspruch zwischen gesellschaftlicher Produktion und privater Aneignung. Die gesamtgesellschaftlich bedeutenden Krisenerscheinungen und die strategisch bedeutsamen Widersprüche sind auf diesen Grundwiderspruch zurückzuführen.« Das geht also aus von der klassischen marxistischen Krisenanalyse, die allerdings modifiziert wird: »Die kapitalistische Produktionsweise bedingt eine ständige Unstabilität und Krisenanfälligkeit der kapitalistischen Gesellschaft. Dabei hat es sich jedoch in der Vergangenheit gezeigt, daß der von vielen Sozialisten erwartete ökonomische Zusammenbruch des Systems ausblieb, da sowohl in der nationalen wie in der internationalen staatlichen Wirtschaftsregulierung Instrumente entwickelt wurden, die dies erfolgreich verhindert haben.« Keynes wurde also rezipiert. Trotzdem heißt es aber klipp und klar: »Der Versuch, durch eine Vollbeschäftigungspolitik die Krisenhaftigkeit des Systems zu beseitigen, ist mißlungen.«

Hier also liegt der Ausgangspunkt. Ein Schlüsselbegriff für die Strategie der Systemüberwindung sind dann die »antikapitalistischen Strukturreformen«: »Ziel antikapitalistischer Strukturreformen ist die Ablösung der Fremdbestimmung durch Selbstbestimmung und die Selbstorganisation der abhängig Beschäftigten. Fragen der Mobilisierung und Organisierung abhängig Beschäftigter betreffen das umfassende strategische Problem, wie eine unterdrückte und zunächst noch weitgehend passiv in einer fremdbestimmten Rolle verharrende Klasse im Prozeß zunehmender Bewußtwerdung sich nach und nach gegen die Fesseln der bestehenden unsozialen und undemokratischen Verhältnisse als aktionsfähiges Kollektiv in selbstbestimmter Form und Zielsetzung organisieren kann.«

Hier ist das strategische Problem also schon formuliert. Noch klarer heißt es in den Beschlüssen des Münchner Bundeskongresses der Jungsozialisten: »Die Forderung nach Vergesellschaftung der Produktionsmittel taugt in ihrer allgemeinen Form noch nicht dazu, die Massen für eine sozialistische Politik zu gewinnen. Es ist notwendig, aus ihr Forderungen abzuleiten, die zur Vergesellschaftung hinführen, die aber an den für den Menschen erfahrbaren Widersprüchen der kapitalistischen Gesellschaft ansetzen. Die subjektiv erfahrbaren Widersprüche sind besonders wirksame Ansatzpunkte, um die Lohnabhängigen die politischen Widersprüche erkennen zu lassen und zur Entwicklung sozialistischer Perspektiven zu führen.«

Die Strategie der Systemüberwindung will also in bestimmten Lebensbereichen oder – wie es heißt – Aktionsfeldern ansetzen, um dort die Widersprüche des kapitalistischen Systems den Lohnabhängigen klar und deutlich zu machen. Solche Aktionsfelder sind etwa Ballungsräume – denken Sie an den Fragenkomplex Mieten, an die Besetzung leerstehender Häuser in den Großstädten, die Sanierung alter Stadtgebiete –, aber auch Schulprobleme, Fragen der Umweltverschmutzung, der Berufsausbildung, der Hochschulen usw. Und von der Absicht, an diesen Bruchstellen des Systems das falsche Funktionieren deutlich zu machen, geht nun auch die berühmte Konzeption der sogenannten Doppelstrategie aus. »Unter den gegenwärtigen Bedingungen geht es jedoch vorrangig darum, Gegenmachtpositionen der Lohnabhängigen aufzubauen und von dort ausgehend auf die staatliche Wirtschaftspolitik einzuwirken.« Das heißt: Man ist sich klar, daß diese Gesellschaft nicht mit den Mitteln einer klassischen Revolution abrupt verändert werden kann. Vielmehr will man erst »Gegenmachtpositionen« aufbauen, von denen ausgehend operiert werden soll.

»Die praktisch erfahrbaren Widersprüche der kapitalistischen Gesellschaftsordnung sind die Ansätze für systemkritisches Bewußtsein. Damit sich Bewußtsein in praktischem Veränderungswillen fortsetzt, genügt es nicht, verbale Aufklärung zu betreiben: Es muß die praktische Veränderbarkeit der Verhältnisse erfahrbar gemacht werden. Dieses wird letztlich nur in der Selbstorganisation der jeweils Betroffenen erreicht. Die Doppelstrategie stellt den Jusos die Aufgabe, auf der einen Seite punktuelle Selbstorganisation von fallweise Betroffenen zu initiieren und deren Effektivität und Kontinuität zu gewährleisten; auf der anderen Seite: durch den so entstehenden Druck die Partei und die Institutionen zu zwingen, die Bevölkerungsinteressen wirksam zu vertreten und durchzusetzen.« Grundidee dieser Strategie ist es, die antikapitalistische Strukturreform mit Hilfe oder, besser gesagt, durch Veränderungen der großen »linken« Institutionen dieser Gesellschaft durchzuführen, erstens also der Gewerkschaften, zweitens der Sozialdemokratie. Letztes wesentliches Element dieser Strategie: Ein isoliertes nationales Vorgehen ist sinnlos, Erfolg ist nur möglich auf multinationaler Ebene, also zumindest im europäischen Zusammenhang.

Diese hier in Zitaten dargestellte Konzeption will ich analysieren. Ich weise jetzt schon darauf hin, daß die vielseitige Sektenbildung der deutschen Linken es natürlich nicht zuläßt zu sagen: Diese Zitate sind repräsentativ. Vielfältige Differenzierungen wären notwendig. Immerhin: Es kann kein Zweifel darüber herrschen, daß der dargestellte Strategieansatz eine breite Strömung repräsentiert, die teils am linken Rand der Sozialdemokratie, teils links der Sozialdemokratie politisch agiert.

1. These

Diese Strategie stammt aus Frankreich und Italien und ist von dort in die soziale Wirklichkeit der Bundesrepublik Deutschland transplantiert worden. Beim Grenzübergang wurden jedoch die Sprengsätze, die in dieser Strategie stekken, sorgfältig entfernt.

Das Ziel dieser Strategie, so behaupte ich, ist nicht ohne »Kraftproben« erreichbar – so hat der französische Gewerkschaftler *André Gorz* die notwendige Anwendung von Gewalt genannt. Das Konzept, das ich hier entwickelt habe, stammt in den Grundbegriffen – Gegenmachtpositionen, antikapitalistische Strukturformen – wörtlich aus den verschiedenen Büchern und Aufsätzen jenes *André Gorz* oder – um einen anderen Autor zu nennen – des italienischen Theoretikers *Lelio Basso*. Meine Behauptung lautet nun: Die Konsequenzen, die diese italienischen und französischen Autoren aus der Analyse der sozialen Wirklichkeit ihrer Länder ziehen – von Ländern, in denen ohne Zweifel eine Form des

Kapitalismus mit viel schärferen sozialen Widersprüchen praktiziert wird als in der Bundesrepublik –, sind hier in Deutschland wegredigiert worden, weil mit diesen Konsequenzen im politischen Klima in der Bundesrepublik keine Politik zu machen wäre. Ich glaube, daß dieses Verfahren entweder fahrlässig oder unredlich ist.

Ich zitiere zum Beweis *André Gorz:* »Es gibt keinen ›allmählichen‹ und unmerklichen ›Übergang vom Kapitalismus zum Sozialismus‹, und es kann ihn auch nicht geben. Die wirtschaftliche und politische Macht der Bourgeoisie ist nicht durch einen langsamen Aushöhlungsprozeß oder eine Folge von partiellen Reformen zu zerstören, die für sich offenbar harmlos und akzeptabel für den Kapitalismus wären, deren Effekt aber einer im stillen vor sich gehenden Einschließung des Gegners durch eine geheime sozialistische Armee gleichkäme, die verborgen voranmarschiert, ohne Lärm und im Schutze der Nacht, um sich eines schönen Tages im Besitze der Macht wiederzufinden. Nein, darum handelt es sich hier nicht. Allmählich voranschreitend kann und muß in einer sozialistischen Strategie die Vorbereitungsphase sein, die den Prozeß auslöst, der zum Ausbruch der Krise und der letzten Kraftprobe führt. Die Wahl dieses Weges, unangemessen als ›friedlicher Weg zum Sozialismus‹ bezeichnet, beruht nicht auf einer apriorischen Option für den ›Gradualismus‹ oder auf der apriorischen Ablehnung der gewaltsamen Revolution oder eines bewaffneten Aufstandes, sondern sie ist die Konsequenz von deren faktischer Unmöglichkeit im europäischen Kontext.« Und noch schärfer: »Um es noch einmal zu sagen; eine sozialistische Strategie der Reformen muß sich vornehmen, das Gleichgewicht des Systems zu brechen und diesen Bruch auszunutzen, um den revolutionären Prozeß des Übergangs zum Sozialismus auszulösen, was, wie wir gesehen haben, sich nur machen läßt, wenn die Sache ›heiß‹ ist.«

Wenn die Sache heiß ist – gerade diese zeitliche Dimension (und die Zeit spielt in jeder Strategie eine entscheidende Rolle: Es ist wichtig zu wissen, ob man im Morgengrauen oder in der Abenddämmerung angreift) wird mißachtet. Ich weiß nicht, ob die soziale Situation in Frankreich und in Italien wirklich »heiß« ist; aber ich weiß, daß sie es in der Bundesrepublik nicht ist. Und lassen Sie mich verkürzend diese erste These abschließen mit folgender Feststellung: Wir müssen davon ausgehen, daß es in der Bundesrepublik nach wie vor starke und vitale Oberschichten gibt. Dieser bundesrepublikanische (und notabene demokratische) Kapitalismus funktioniert nicht schlecht, die Wachstumsrate ist trotz aller aktuellen Probleme gut. Diese vitalen Oberschichten sind – und hier unterscheide ich mich das erstemal fundamental von der Analyse Karl Steinbuchs – nicht zu verdrängen ohne die Anwendung von Gewalt. Gutes Zureden wird hier nicht helfen. Die Abschaffung des Kapitalismus in einem alles in allem doch so gut funktionierenden Land wie der Bundesrepublik geht nicht vor sich wie die Jagd, die telegene Wissenschaftler in der Antarktis auf Eisbären veranstalten mögen. Diese Eisbären können überrascht werden: Da sie auf die Anwesenheit von Menschen nicht gefaßt sind, kann man sie, hinter einem Eisbrocken lauernd, mit der Injektionspistole bequem abschießen und anschließend abtransportieren lassen. Mit den Oberschichten im Kapitalismus ist dies nicht so einfach.

2. These

Ich glaube, daß im jetzigen historischen Moment und in einer für normale Menschen – nicht für Propheten – übersehbaren Zeit die vollständige Abschaffung der privaten Verfügungsmacht über Produktionsmittel und die gleichzeitige Erhaltung der Schlüsselelemente der liberalen Gesellschaftsordnung nicht vereinbar sind. Warum?

Weil erstens die Geld- und Machtelite, die von einer derartigen Veränderung betroffen würde, in der Bundesrepublik stark genug wäre, um viele Hilfstruppen zu mobilisieren und Mangel zu produzieren.

Zweitens muß man davon ausgehen, daß die Bundesrepublik als ein Land mitten in Europa nicht unter einer Glasglocke lebt und daß eben jene Geld- und Machtelite Unterstützung aus anderen Ländern erhielte: Eine Wirtschaftsblockade wäre nahezu unausweichlich. Wozu würde dies führen? Zu einer massiven Verschlechterung der Lage der arbeitenden Massen – zumindest für eine begrenzte Zeit. Dies wiederum würde von den Menschen nicht akzeptiert. Selbst der beste Propagandist könnte nicht ein Jahr lang eine drastische Verschlechterung der ökonomischen Situation »erklären«. Die einzig mögliche Maßnahme, die eine Ablösung der Systemüberwinder von der Macht verhindern würde, wäre damit eine Behinderung der Bewegungsfreiheit der Opposition, kurz: eine Einschränkung der Schlüsselelemente der liberalen Gesellschaftsordnung.

Auch hier wieder: Genau diese Diagnose stellt *André Gorz*. »Aber die Durchführung solcher Direktiven der öffentlichen Hand würde recht bald mit der Logik des Kapitalismus in Kollision geraten und dessen Gefüge zerstören. Sie wäre in der Tat gleichbedeutend mit der Aufhebung der unternehmerischen Souveränität, der faktischen Sozialisierung der unternehmerischen Tätigkeit und der indirekten öffentlichen Leistung der Firmen. Sie würde die Beschlagnahme (oder die sehr starke Übersteuerung) der hohen Gewinne bis zu ihrem durchschnittlichen Niveau als Sanktion nicht ausschließen. Schließlich würden dadurch den privaten Gesellschaften alle Rationalisierungs- oder Innovationsmotivationen, die ihre Profite über das für normal gehaltene Maß hinaussteigerten, genommen und damit eine der Haupttriebfedern für den technischen Fortschritt zerstört werden. Kurz, wenn der Staat aus den Unternehmern Beamte macht, ihnen eine schwerfällige Bürokratie aufbürdet und an das Gewinnmotiv rührt, greift er in das Getriebe des Systems selbst ein und führt über kurz oder lang seine Lähmung oder Verkalkung herbei.«

Ich behaupte, daß die Unterdrückung vieler Grundrechte, die in den bürgerlichen Revolutionen des 17. und 18. Jahrhunderts erkämpft wurden, in den kommunistischen Staaten nicht etwa Produkte persönlicher Schwächen von Stalin, Ulbricht oder anderen Führern der kommunistischen Bewegung waren, sondern systembedingte Folgen eines abrupten sozialen Wandels. Ich nehme denjenigen, die heute versprechen, daß sie auch unter den Bedingungen einer vollständigen Abschaffung privater Verfügungsmacht über Produktionsmittel die volle politische Demokratie aufrechterhalten wollen, diese Versicherung durchaus ab; d. h. ich glaube ihnen, daß diese Versicherung subjektiv ehrlich gemeint ist. Ich glaube aber, daß die Hoffnung, die hinter diesen Versicherungen steht, heute so unrealistisch ist wie in den zwanziger Jahren. Es ist ja eine Wiederaufnahme des »Kultursozialismus« etwa *Gustav Landauers,* eine Wiederaufnahme von Hoffnungen, die schon einmal furchtbar enttäuscht wurden.

3. These

Ich behaupte, daß die Strategie der Systemüberwindung *außenpolitisch* nicht reflektiert ist. Das Thema dieser Tagung heißt: »Der dritte Weg«. In der Tat glaube ich, daß es in der heutigen geschichtlichen Situation drei Wege gibt: Den dogmatisch-sozialistischen, den konservativ-kapitalistischen (zuweilen sogar noch mit Rest-Strukturen aus dem Feudalismus) und den reformistischen. Es gibt drei realistische, gangbare Wege der europäischen Politik; es gibt nur keinen vierten – und den suchen die Systemüberwinder. Ich möchte das erläutern:

Ich zitiere orthodoxe Kommunisten nicht gern positiv, weil ich ganz andere Grundpositionen vertrete als sie. Zum Strategieansatz von *André Gorz* aber muß ich einen orthodoxen Kommunisten zitieren. Und zwar den Chefideologen der Deutschen Kommunistischen Partei, den Leiter des Instituts für marxistische Studien in Frankfurt, *Josef Schleifstein.* Er hat wohl recht, wenn er sagt, »daß *Gorz* in seinem Buch (Zur Strategie der Arbeiterbewegung im Neokapitalismus) nicht nur die Forderungen nach Strukturreformen von der Politik und der politischen Machtfrage isoliert, sondern daß er auch die Entwicklung der Arbeiterbewegung in den westeuropäischen Ländern völlig von den internationalen Faktoren, von der Entwicklung der Welt, von der Auseinandersetzung der beiden Weltsysteme, von der antiimperialistischen Befreiungsbewegung loslöst. Aber wie will man Klassenbewußtsein bilden, ohne den Arbeitern die internationalen Zusammenhänge ihres Kampfes zu erläutern, ohne sie für die

Unterstützung des vietnamesischen Volkes und der anderen um ihre Befreiung vom Imperialismus kämpfenden Völker zu gewinnen, ohne sie zur Solidarität mit den sozialistischen Staaten, mit der Sowjetunion, zu erziehen, die noch immer die Hauptlast der weltweiten Auseinandersetzung mit dem Imperialismus zu tragen hat?«

Ich betone nochmals, daß ich die in diesen Sätzen enthaltenen Wertungen keineswegs übernehme. Aber ich bin der Meinung, daß der Glaube, bei der Polarisierung zwischen den beiden Großmächten USA und Sowjetunion ein Land in Mitteleuropa aus dem einen oder anderen Block herausbrechen zu können, illusionär ist. Das Beispiel Dubček müßte jeden Politiker schrecken. Die Hoffnung, man könne sich aus den westlichen und östlichen Gesellschaften jeweils das vermeintlich »Positive« herauspicken, ist unpolitisch.

Ich komme zu den drei Wegen. Ich halte es für falsch, Sozialismus und Kapitalismus schlicht gegenüberzustellen, die beiden Begriffe sozusagen zu ontologisieren und sich dann einzubilden, damit die europäische Wirklichkeit beschrieben zu haben. Ich sagte schon: Es gibt drei realistische Wege. Ich charakterisiere sie mit den Namen von führenden Politikern, wohl wissend, daß dies ein fragwürdiges Verfahren ist.

Da gibt es einmal den Weg des konservativen Europa. Nehmen Sie das Europa von George Pompidou oder Edward Heath. Es sind auch autoritäre Varianten denkbar: Portugal, Spanien, die griechischen Obristen oder auch »Zivilobristen«, die man sich da und dort vorstellen könnte. Jedenfalls ist eines sicher: Dieses Europa ist eine realistische Möglichkeit, wenn es auch einen Weg kennzeichnet, den wir meines Erachtens nicht gehen dürfen.

Es gibt einen zweiten realistischen Weg. Ich charakterisiere ihn mit den Namen Willy Brandt, Olov Palme, Bruno Kreisky, Jens Otto Krag. Ich nenne dies den reformistischen Weg und behaupte, daß es unpolitisch und oberflächlich ist, diese und die konservative Konzeption einfach unter dem Begriff Kapitalismus in einen großen Topf zu werfen.

Und es gibt einen dritten realistischen Weg. Ihn geht Breschnew, ihn geht Erich Honecker. Im Windschatten Europas mögen auch hier Seitenwege nach dem Muster Titos oder

Ceaucescus möglich sein; aber wir wissen: Dies ist der Weg des dogmatisch-sozialistischen Europa.

Jenseits dieser drei Wege heute den vierten zu suchen, den viele mit vollem Idealismus und vollem Glauben anstreben, nämlich die Verbindung eines strikt sozialistischen Wirtschaftsmodells mit Schlüsselelementen der liberalen Gesellschaftsordnung, ist wohl – leider – unrealistisch. Schluß der dritten These: Ich glaube, daß wir in der Geschichte dieses Jahrhunderts schon zwei Beispiele von idealistischen, hochherzigen Politikern haben, die an der politischen Realität gescheitert sind und viel zusätzliches Leid produziert haben: Kurt Eisner und Alexander Dubček. Thomas Hobbes hat einmal gesagt: »Man muß Macht haben, um überhaupt handeln zu können, zumal in der moralischen Sphäre. Man hat gewaltig zu sein, um Gutes zu tun, und stark, um Schutz zu bieten. Das Gute zu suchen und dabei die Macht zu verwerfen, kommt auf die seichte und eigensinnige Vorstellung heraus, daß das Leben keine Bedingungen haben sollte.«

4. These

Ich gehe davon aus, daß die Strategie der Systemüberwindung nicht mit den reformistischen Parteien Europas, vor allem nicht mit den sozialdemokratischen Parteien Westeuropas, zu machen ist – und zwar aus sozialstrukturellen Gründen. Deshalb wird sich in den nächsten Jahren eine neue »politische Gegensatzachse« herausbilden. Dieser Begriff stammt von dem amerikanischen Futurologen Herman Kahn. Ich halte ihn für einen nützlichen Begriff.

Kurz gesagt: Man muß davon ausgehen, daß die sozialdemokratischen Parteien Westeuropas heute nicht mehr Arbeiterparteien, sondern Mittelschichtparteien sind. Das prägende Element in der Mitgliedschaft, vor allem aber im Funktionärskorps sind Menschen, die, aus den Mittelschichten stammend, in Dienstleistungsbereichen oder als Facharbeiter in der Industrie arbeitend, in den letzten zwanzig Jahren in ihrem eigenen Bewußtsein einen deutlichen sozialen Schritt nach vorn getan haben und die deshalb aufstiegsbewußt

sind. Auf diese Schichten trifft nun zwar seit den späten sech-
ziger Jahren in immer steigendem Maße die Schicht jener jungen Leute aus der Oberschicht und der oberen Mittelschicht,
die die Erziehungsideale ihrer Eltern, die deren Arbeitsethik
und Verhaltensnormen ablehnen und nun mit großem inne-
rem Engagement eine antiindividualistische, konsumfeind-
liche, sensualistische, kosmopolitische Kultur anstreben. Der
Zusammenstoß dieser beiden sozialen Gruppen verursacht
zur Zeit in den Ortsvereinen vieler Universitätsstädte in der
ganzen Bundesrepublik Funken. Beide Gruppen haben eine
sehr verschiedene Art und Weise, sich zu artikulieren, miteinander umzugehen; es gibt nun ein Sprachproblem schon innerhalb dieser Parteien, das langsam auch schon auf bestimmte Bereiche der Gewerkschaften übergreift.

Meine These lautet nun, daß nur jene zweite Gruppe (und
auch die sicherlich nur bedingt) bereit wäre, die relative ökonomische Sicherheit durch das Risiko der Systemüberwindung
in Frage zu stellen, und daß in den meisten sozialdemokratischen Parteien eine massive Machtverschiebung zugunsten
dieser Gruppe überaus unwahrscheinlich ist. Ganz besonders
gilt dies für die SPD und die Gewerkschaften in der Bundesrepublik. Ich halte deshalb die These für grundfalsch, daß
man in Anknüpfung an SPD und deutsche Gewerkschaften
eine Strategie der Systemüberwindung treiben könnte – und
befinde mich dabei in glänzender Gesellschaft. Auch *André
Gorz* beispielsweise ist dieser Meinung.

Um den Grundgedanken von *Herman Kahn* weiterzu-
verfolgen: Er prognostiziert für die weitere Zukunft in den
westeuropäischen Gesellschaften eine Machtübernahme der
Parteien der »verantwortlichen Mitte«. Er meint damit Konstellationen wie die der sozialliberalen Koalition in Bonn
oder des Centro-Sinistra in Italien usw. In der Opposition
sieht er die konservativen Gruppen, die allerdings in der
Lage seien, unter bestimmten politischen Konstellationen
Unterschichtrevolten zu organisieren. Und links von jener
»verantwortlichen Mitte« sieht er eine »humanistische Linke«
wachsen, in die ein großer Teil der modernen Jugendbewegung und der antimaterialistisch eingestellten Kräfte eines
rigorosen Christentums einströmen werde.

Ich will auch die Wertungen, die Herman Kahns Begriffen stecken mögen, nicht übernehmen. Ich bin allerdings der Meinung, daß Kahns Prognose, auf ganz Europa bezogen, sicherlich realistisch ist. Zwar ist es möglich – und ich sehe dafür in Deutschland bestimmte Ansatzpunkte –, daß die sozialdemokratischen Parteien in der Lage sein werden, große Teile dieser humanistischen Linken doch noch zu integrieren. Aber auch die gegenteilige Entwicklung ist möglich. Daß es der humanistischen Linken gelingen könnte, die Arbeiterbewegung und die sozialdemokratischen Parteien sozusagen zu »unterwandern«, halte ich schon aus sozialstrukturellen Gründen für wenig wahrscheinlich. Dies würde eine Umwertung der Werte der breiten, aufstiegsbewußten Mittelschichten verlangen, für die es zur Zeit wenig Ansatzpunkte gibt.

5. These

Die politische Durchschlagskraft und die Organisationsfähigkeit jener humanistischen Linken in der deutschen Gesellschaft wird heute – zum Teil absichtlich, aus durchsichtigen ökonomischen und politischen Interessen heraus, oder aufgrund der optischen Täuschung, der heutzutage oft Universitätsprofessoren erliegen – maßlos überschätzt. Das klassische Beispiel ist für mich der Soziologe *Helmut Schelsky*, der in einem berühmten Aufsatz über die Systemüberwindung – den ein anderer gleich eilfertig an sämtliche deutschen Politiker verteilt hat – folgendes formuliert hat: »Da diese Strategie des revolutionären Handelns sie [diese linken Gruppierungen] eint, bleiben organisatorische Unterschiede, Spaltungen oder ideologische Auseinandersetzungen Oberflächenerscheinungen. In diesem Sinne reicht die strategische Einheit des linken Radikalismus von der DKP und ihrer Universitätsunterorganisation Spartakus in die verschiedensten anarchistischen Gruppen bis hin zur Führung der Jungsozialisten und gewichtigen Teilen der Jungdemokraten. Daß ihr große Teile der westdeutschen Journalisten und der jüngeren Theologen beider Konfessionen, die meisten Studenten- und

Assistentensprecher der Hochschulen sowie wesentliche Gruppen der jüngeren Lehrerschaft zuzurechnen sind, auch wenn keine organisatorische Bindung zu Linksorganisationen besteht, ist kaum zu bezweifeln.«

Erlauben Sie mir die ebenso kurze wie trockene Feststellung, daß mir, der ich gerade aus der Auseinandersetzung um ein »Volksbegehren Rundfunkfreiheit« in Bayern komme, die Befürchtung, daß große Teile der westdeutschen Journalisten der humanistischen Linken zuzurechnen seien, etwas absurd vorkommt. Aber hören wir weiter Schelsky: »Die große Chance aber auf Erfolg dieser revolutionären Strategie der linken Radikalen liegt darin, daß sie die Herrschaftsmittel in einer modernen, industriell bürokratischen Gesellschaft westlichen Typs realistischer einschätzt und diagnostiziert als deren Herrscher oder Verteidiger selbst.«

Ich halte diese Diagnose, die übrigens der *Karl Steinbuchs* ähnelt, für vollständig irrig. Nichts und niemand ist so von Sektenbildungen bedroht oder in Sektenbildungen begriffen, nichts ist so strategisch hilflos und unrealistisch wie große Teile der deutschen Linken – und dies nicht erst seit gestern. Wer die linken Gruppen einigermaßen kennt, wer weiß, wie sie sich gegenseitig als Revisionisten verketzern und gar ohne viel Federlesens unter das Rubrum »Faschismus« einreihen, wird nicht mehr dem Kinderglauben erliegen, diese hilflos zornige Ansammlung junger Leute sei in der Lage, einen funktionierenden Kapitalismus von der Art der Bundesrepublik aus dem Sattel zu heben. Dies mag, wenn wir unsere Strukturprobleme nicht lösen, einmal dem dogmatischen Sozialismus östlicher Prägung gelingen: den Systemüberwindern verschiedener Schattierung aber bestimmt nicht – denn sie sind *gerade strategisch* weit naiver und hilfloser als eine ihrer selbst sichere Bourgeoisie.

Nein, Helmut Schelsky – der hier als Beispiel für viele stand – ist ganz der verschreckte Ordinarius, der die eigentliche Situation der deutschen Linken gar nicht kennt; wobei ich zugebe: Wäre ich Universitätslehrer im Fachbereich 11 der Freien Universität Berlin, vielleicht würde ich auch anders formulieren – die stetige Nähe zur revolutionären Ideenwelt mancher unserer Oberschichtsöhne mag die Proportionen verschieben. Im übrigen läßt Schelsky aber in seinem Aufsatz schon wenige Seiten später merken, wohin er gehört, wenn er etwa den Bildungsurlaub und die »unkontrollierte Großzügigkeit der Berufsumschulungsfinanzierung« als »Übersteigerung der Sozialforderungen« bezeichnet.

Lassen Sie mich diese These mit folgender Bemerkung abschließen: Ich glaube, daß die Sozialdemokratie Deutschlands zur Zeit dabei ist, große Teile dieser kritischen Jugend aus der oberen Mittelschicht und aus der Oberschicht in die Gesamtpartei und damit in diese Gesellschaft zu integrieren. Gerade das Bürgertum, gerade Professoren und Pfarrer bringen mich deshalb oft in Verlegenheit, wenn sie mir die radikalen Tendenzen mancher Jungsozialisten vorhalten. Ich möchte ihnen dann sagen: Es sind ja eure Söhne, die diese Sozialdemokratie zu einer reformistischen Politik bekehrt.

Im übrigen weise ich darauf hin, daß – neben allen harten politischen Konflikten, die es auch gibt – die Ideologie auch oft zum Schlaginstrument in einer sozial-psychologisch motivierten Auseinandersetzung benutzt wird. Ich meine damit: In dem oft mißlingenden Versuch, die Sprachbarriere zu überwinden, die die unterschiedliche soziale Herkunft, die unterschiedliche Ausbildung und der Generationenkonflikt aufgebaut haben, verletzen sich Menschen oft, und sie verletzen sich zuweilen schwer. Wer dann jeden Satz, den eine »rote Schülerfront« in einer Schülerzeitung publiziert, triumphierend beim Wort nimmt und als Beweis für anarchistische Zerstörungswut wertet, geht nicht gerade besonnen vor. Und schließlich: Die Tatsache, daß ein Achtzehnjähriger auf der Suche nach Sinn in dieser Gesellschaft innerhalb von zwei Monaten vom Sohn eines gutverdienenden Tierarztes zum rigorosen und dogmatischen Sozialisten wird, muß noch nicht besagen, daß er dies auch sein Leben lang bleibt.

Ich will mit diesen Feststellungen übrigens nichts verniedlichen. Es gibt harte politische Konflikte, und es gibt sie auch in der Sozialdemokratie. Ich meine nur: Man muß sich das Augenmaß für die politischen Proportionen bewahren. Um aber keinerlei Mißverständnisse aufkommen zu lassen, zitiere ich einen Satz meines Freundes *Hans-Jochen Vogel,* der auf einem Parteitag der bayerischen Sozialdemokraten kürzlich gesagt hat: »Wer in der Politik die Demokratie und den Parlamentarismus in Frage stellt, den Rechtsstaat als widerwillig hinzunehmendes Instrument des Kapitalismus ansieht, wer mit Gewalt, revolutionärer Massenbewegung, Chaos und Diktatur liebäugelt, wer den Marxismus nicht nur als Denksystem zur Analyse gesellschaftlicher Zusammenhänge, sondern als absolute Wahrheit, als Heilslehre zur Lösung aller Fragen betrachtet, wer sich mit der DKP oder sogar mit Zellen, Basen und Zirkeln links von den konventionellen Kommunisten verbinden will, für den ist in der SPD ebensowenig Platz wie für Reaktionäre und Konservative, die glauben, das Rad der Geschichte aufhalten und die Privilegien von Minderheiten über die tiefgreifenden Veränderungen unserer Zeit hinweg retten zu können.« Ich füge hinzu: Dieser Grundsatz hat Gültigkeit für die deutschen Sozialdemokraten und wird für sie Gültigkeit behalten.

6. These

Sosehr ich *Karl Steinbuchs* Diagnose, das Jahr 1972 sei mit dem Jahr 1930 zu vergleichen, strikt ablehne, sosehr bin ich mit ihm einig, daß die geistige Situation, in der wir uns befinden, geprägt ist von einem großen Versagen der demokratischen Parteien. Als Schüler *Waldemar von Knoeringens* sage ich: auch der Sozialdemokratischen Partei.

Denn warum verfällt ein großer Teil der akademisch vorgebildeten jungen Generation den griffigen, scheinbar in sich so schlüssigen »geschlossenen« Antwortsystemen? Unter anderem deshalb, weil diese Sozialdemokratie es seit Godesberg aufgegeben hat, ihren seit hundert Jahren praktizierten Reformismus zu reflektieren und zu begründen. In der SPD seit Godesberg gibt es theoretisch nur *Leo Bauer, Günter Grass* und das Schweigen im Walde – und das ist zuwenig.

Kurt Schumachers nobler Satz: »Es ist gleichgültig, ob jemand durch die Methoden marxistischer Wirtschaftsanalyse, ob er aus philosophischen oder ethischen Gründen oder ob er aus dem Geiste der Bergpredigt Sozialdemokrat geworden ist«, führte in der SPD zu einem »Godesberger Scheinfrieden«. In der richtigen Erkenntnis, daß eine politische Partei im »Vorletzten« stehenzubleiben und das »Letzte«, Metaphysische dem einzelnen zu überlassen habe, verwechselte man sozialphilosophische Toleranz mit sozialphilosophischer Ignoranz. Man verlor die historische Perspektive – und vergaß, die Ergebnisse reformistischer Politik ins Gedächtnis zu rufen. Der Kampf der Arbeiterbewegung für Mitbestimmung vom Betriebsrätegesetz 1920 über das Betriebsverfassungsgesetz von 1952 und die Novellierung von 1971 beispielsweise: Wem sind sie – als Erfolge – deutlich? Man verschwieg auch allzu eilfertig die harten Widersprüche der Politik – etwa die Tatsache, daß wir Amerikas Krieg in Vietnam niemals billigen können, weil dort die Vereinigten Staaten ungerechte alte Oberschichten mit Terror und Krieg stützen, daß wir aber doch die Partner Amerikas bleiben müssen, wenn wir uns nicht dem Terror kommunistischer Einparteienherrschaft – Beispiel: Prager Prozesse – ausliefern wollen. Auf diese Weise haben wir das Vertrauen von vielen jungen Menschen verloren, die moralisch rigoros »den richtigen Weg« suchen und so die gangbaren Wege verfehlen.

Demgegenüber bleibt nur eine Möglichkeit: die Reform des Instruments Partei, deren gesellschaftspolitische Funktion langsam wieder in den Blick rückt. Wir dürfen – über der Euphorie zu regieren – die Institution »Partei« nicht vernachlässigen. Und diese Partei muß wieder »Antennen für die Zukunft« *(Knoeringen)* entwickeln: Sie muß den Begriff des Reformismus positiv umwerten, seinen materialistisch-skeptisch-demokratischen Kern freilegen und gegen die messianischen Erlösungslehren durchsetzen. Noch hat das reformistische Europa eine Chance. Wird sie vertan, kommen die Obristen oder die Zentralkomitees.

Plenumsdiskussion
zu den Referaten von
Karl Steinbuch
und Peter Glotz

(In der Diskussion, die sich in Bad Boll an die Referate von *Steinbuch* und *Glotz* anschloß, gingen die Meinungen erheblich auseinander. Angesichts der kontroversen Analyse unserer derzeitigen Situation konnte das niemanden überraschen. Beide Referenten fanden im Plenum Zustimmung, ihre Ausführungen stießen aber auch auf Kritik. Die Rückfragen forderten die Referenten zu präzisierenden Voten heraus und trugen dadurch wesentlich zum Klärungsprozeß bei.

Das Referat von *Steinbuch* wurde zunächst in Gruppen diskutiert. Dem Referenten wurde vorgehalten, er habe den Problemhorizont dadurch verengt, daß er die kritische Situation an den Hochschulen auf die gesamte Gesellschaft projiziert habe. Sein skeptisches und besorgtes Urteil über die Entwicklungstendenzen in der jungen Generation stieß auf Widerspruch. Kritisch wurde angefragt, ob nicht stärker differenziert werden müsse zwischen Gefährdungen, die von außen her auf unser System zukommen, und systemimmanenten Schwächen, die von bestimmten – politisch engagierten und ideologisch enragierten – Gruppen ausgenutzt werden könnten. Müßten in diesem Zusammenhang nicht auch die Gefahren von rechts angesprochen werden? Heftig umstritten war in der Diskussion die von *Steinbuch* aufgestellte These, unsere derzeitige Situation erinnere fatal an die des Jahres 1930. Daß einzelne Symptome vergleichbar erscheinen, wurde allgemein zugestanden. Während einzelne Diskussionsteilnehmer die Meinung von *Steinbuch* unterstützten, sowohl die Gefährdung als auch die Krisenanfälligkeit seien heute mindestens so groß wie 1930, konnten andere Tagungsteilnehmer die Parallelisierung zwischen Weimar und Bonn, zwischen Nationalsozialismus und Marxismus nicht mitvollziehen. Sie wiesen unter anderem auf die unterschiedliche wirtschaftliche Situation hin. *Steinbuch* ging unmittelbar nach den Gruppenberichten kurz auf die konkreten Rückfragen ein, die sich auf sein Referat bezogen. Im weiteren Ablauf der Tagung kam er verschiedentlich auf die zentralen Problemkreise zurück, die in der Diskussion angeschnitten worden waren [siehe dazu seine weiteren Beiträge in diesem Buch].

Das Referat von *Glotz* wurde im Plenum diskutiert. Der Referent wurde gebeten, den in seinem Referat verwendeten Begriff »die vitalen Oberschichten« genauer zu umreißen. Kritisch wurde angemerkt, die unbestreitbaren Fehler und Schwächen des Kapitalismus würden immer hervorragend analysiert, aber wenn es dann um den Entwurf eines anderen, besseren Systems gehe, würden die Vorstellungen vage und verschwommen. Entscheidend sei hier die Frage nach Eigentum und Verfügungsgewalt im Blick auf die Produktionsmittel. Man müsse fragen, ob es nicht sachgerechter sei, das Gegensatzpaar »Kapitalismus und Kommunismus« durch das Gegensatzpaar »Privatkapitalismus und Staatskapitalismus« zu ersetzen. *Glotz* wurde aufgefordert, noch einmal konkret darzulegen, wie er sich den Sozialismus gerade im Hinblick auf eine erweiterte Mitbestimmung, also im Blick auf die Frage des Verhältnisses zwischen Arbeit und Kapital, vorstelle. *Glotz* antwortete im Plenum auf die ihm vorgelegten Fragen. *Die Herausgeber).*

GLOTZ
Zunächst zu der Frage: Was sind eigentlich die »vitalen Oberschichten«? Das sind diejenigen Gruppierungen, diejenigen Machtinhaber, wenn Sie so wollen, die in den verschiedenen gesellschaftlichen Bereichen – Wirtschaft, Politik, Kirche – Macht ausüben. Sie finden dazu ein interessantes Buch über die Eliten in der Bundesrepublik von *W. Zapf,* dem Konstanzer Soziologen, in dem sie im einzelnen analysiert worden sind. Ich bin allerdings persönlich der Meinung, daß dabei die wirtschaftlichen Eliten die größte Macht in dieser Gesellschaft nach wie vor in der Hand haben. Ich bin

nicht der Meinung, daß alle anderen Marionetten sind oder Charaktermasken, wie das in den »Systemdiskussionen« so schön heißt. Aber daß sie die stärkste Machtposition haben, das glaube ich. Nur wäre ich der letzte, der hergeht und sagt »böse Kapitalisten«. Den Versuch, mit Gut und Böse und derartigen charakterologischen Wertungen zu arbeiten, halte ich für völlig unpolitisch und kindisch. Mir geht es um eine konkrete Machtanalyse: Wie sieht diese Gesellschaft aus, wer bestimmt worüber? Dabei bin ich in der Tat der Meinung, daß die hier bestimmenden Oberschichten, vor allem die ökonomischen Oberschichten, in der Bundesrepublik noch relativ vital und lebenskräftig sind und keinesfalls so morsch, daß sie sich von einigen linken Gruppierungen einfach beiseiteschieben lassen.

Nun zu einer Frage, die ich genausowenig endgültig beantworten kann wie Herr *Steinbuch*. Sie lautet: Wie soll ein Wirtschaftssystem in einer solchen Gesellschaft, in einer reformistisch regierten Gesellschaft funktionieren? Darf ich zuerst einen Irrtum klarstellen. Die Jungsozialisten wollen sicher keinen Staatskapitalismus. Sie wollen einen Sozialismus nach dem Vorbild der autonomen Mitbestimmungsorganisationen, also das jugoslawische Modell, um ein Beispiel zu nennen. Ich persönlich kann den Einwand, der dann mit Recht kommt, nämlich den Hinweis auf die ökonomische Situation Jugoslawiens, nicht abwehren. Ich bin also nicht der Meinung, daß das ein akzeptables Angebot an eine so hochindustrialisierte Gesellschaft, wie sie in der Bundesrepublik vorfindlich ist, wäre. Ich weise nur darauf hin: Einen Staatskapitalismus sowjetischer Prägung wollen die Jungsozialisten auch nicht, sie wollen etwas ganz anderes. Wie das dann aussieht, da würde ich Ihnen wieder recht geben, ist in der Tat in unseren Diskussionen nicht ausreichend konkretisiert worden. Wenn Sie mich fragen, dann würde ich erstens sagen: Es geht nicht um Eigentum, sondern um Verfügungsgewalt. Das ist ja nun in der politischen Diskussion einigermaßen durch. Und zweitens: Ich würde meinen, daß es in bestimmten Bereichen (ich kann das ja hier jetzt nicht endgültig ausführen) neue Formen der Verschränkung von Plan und Autonomie in einer Wirtschaft geben kann, die die Strukturprobleme des Kapitalismus, die es zur Zeit in der Tat gibt, eher in den Griff bekommen. Ob zum Beispiel das Problem des Grund und Bodens in Ballungsgebieten wirklich noch mit dem System des Privateigentums zu lösen ist, das ist die Frage! Ich bin weiter der Meinung, daß Rundfunk und Fernsehen nicht Privateigentum sein dürfen. Und so kann man eine ganze Reihe von Bereichen aufzählen. In vielen anderen wirtschaftlichen Sektoren haben zweifellos auch Privateigentum und private Verfügungsgewalt ihren Platz. Ich vertrete zugleich die anthropologische Grundthese, daß wir – jedenfalls in überblickbaren Zeiträumen – auf das Gewinnmotiv nicht voll werden verzichten und die Organisation der Wirtschaft nicht *nur* auf freier Kooperation werden aufbauen können.

Letzte Antwort: Die Frage der Mitbestimmung betrifft natürlich unsere ganze Diskussion, sie betrifft Hochschulen, Redaktionen und Betriebe. Dabei muß ich Ihnen sagen: Ich bedaure sehr, daß Herr *Löwenthal* krank geworden ist, da ich, sosehr ich in der Hochschulpolitik ganz anderer Meinung bin als er, das, was er meint in bezug auf Leistung und Demokratie, in vielen Punkten durchaus für akzeptabel halte. Lassen Sie es mich an einem praktischen Beispiel erläutern, an der Mitbestimmung an den Universitäten. Ich glaube, daß neue Kooperationsformen zwischen Staat und Hochschule geschaffen werden müssen und geschaffen werden können, zum Teil schon geschaffen worden sind im Hochschulrahmengesetz, bei denen eine vernünftige Mitwirkung des Staates gewährleistet wird, bei denen aber andererseits auch eine Mitbestimmung der Betroffenen dort, wo die Gesellschaft und der Staat nicht mitwirken müssen, ermöglicht wird. Dann glaube ich, daß es Entscheidungsprozesse in den Universitäten gibt, in denen Studenten, Assistenten, Mittelbau, Professoren gleich qualifiziert sind, und daß es andere Entscheidungsprozesse gibt, in denen habilitierte, erfahrene Wissenschaftler eher qualifiziert zum Entscheiden sind. Zwei Beispiele:

Es gibt Grundsatzentscheidungen, die bestimmt im Senat der Universitäten fallen, etwa: Wie sollen die Forschungsschwerpunkte der Hochschule ausgebaut sein? Wie soll ein didaktisches Zentrum aufgebaut werden? In diesen Entscheidungsfragen ist der Student genauso qualifiziert wie der Ordinarius. In der Frage einer Prüfung oder einer Berufung ist die Qualifikation in der Tat unterschiedlich. Und diese unterschiedlichen Prozesse muß man – was nicht unkompliziert ist, und womit wir uns in den ganzen Hochschuldiskussionen befassen – auseinanderhalten und muß ihnen dann auch die verschiedenen Mitbestimmungsrechte zuordnen. Das ist nicht immer einfach, vor allem gelingt es nicht auf den ersten Schlag, aber ich glaube, wir müssen damit beginnen und können nicht alle Partizipationsverlangen mit dem Satz abwehren: Qualifiziert sind dazu nur die, die bisher diese Entscheidungen ausgeübt haben. Denn, entschuldigen Sie, ich habe die deutsche Hochschule aus der Leitung einer Universität 1969 bis 1971, vorher aus der Vertretung der Assistentenschaft, aber auch als Student in den letzten 15 Jahren ausführlich erlebt, und ich kann Ihnen sagen, gerade die alten Entscheidungsträger waren oft für das, was sie entschieden haben, wirklich nicht qualifiziert. Das zeigt etwa das Chaos so mancher Universität in Haushaltsdingen in den letzten zwanzig Jahren. Ich bin kein Vertreter einer pauschalen Drittelparität, um beim Beispiel der Universität zu bleiben, aber ich bin auch kein Vertreter einer pauschalen Restauration der alten Universität, wie sie manche auch heute noch betreiben wollen.

(In der Diskussion im Plenum wurde verschiedentlich auch der Briefwechsel zwischen *Steinbuch* und dem Bundeskanzler apostrophiert. *Steinbuch* gegenüber wurde der Verdacht geäußert, der offene Brief an den Bundeskanzler sei von ihm selbst bewußt als Propagandamittel im baden-württembergischen Wahlkampf konzipiert worden. *Steinbuch* entgegnete, der einleitende Absatz seines zweiten Briefes an den Bundeskanzler vom 10. Mai 1972 beweise das Gegenteil. In diesem Zusammenhang meldete sich der frühere Bundeswissenschaftsminister *Leussink*, der als Tagungsteilnehmer nach Bad Boll gekommen war, mehrfach zu Wort. Er sagte unter anderem: »Ich möchte noch einmal unterstreichen, was Herr

Glotz ausgeführt hat über die Integrationsfähigkeit der Sozialdemokratie. Sie wissen, ich bin nicht Mitglied der SPD. Aber ich habe zweieinhalb Jahre Gelegenheit gehabt, zu verfolgen, wie sich eine bestimmte Gruppe dieser Partei entwickelt hat. Ich kann nur bestätigen, was Herr *Glotz* gesagt hat: Die Integrationskraft auch solcher Leute, die nach landesüblichen Anschauungen als ausgesprochen links angesehen werden, ist beachtlich. Von daher hat eben der Bundeskanzler durchaus recht, wenn er Herrn *Steinbuch* entgegenhält, er sehe zu schwarz und übertreibe schrecklich. Unter ernsthaften Menschen kann man doch wirklich nicht solche Folgerungen daraus ableiten, wie Herr *Steinbuch* sie zieht.« *Die Herausgeber).*

STEINBUCH
Ich möchte zu zwei Punkten etwas sagen, einerseits zu Herrn *Leussinks* wiederholten Bemerkungen und andererseits einige Kommentare zu dem, was Herr *Glotz* gesagt hat.

Zuerst zu Herrn *Leussink:* Er hat wiederholt versucht, die Ernsthaftigkeit meines Anliegens in Zweifel zu stellen. Das ist sein gutes Recht, aber es ist ebenso mein gutes Recht, ihm zu widersprechen. Herr Leussink verwies auf die Integrationskraft der SPD. Hierzu sollte er nachlesen, was Walter Scheel den »Freiburger Thesen« der Liberalen mitgegeben hat: Er hält es für eine Tatsache, daß der SPD die Integration nicht gelang. Zu Herrn Leussinks Meinung, unter »ernsthaften Menschen« könnte man nicht so argumentieren, wie ich es getan habe, möchte ich antworten: Unter verantwortungsbewußten Menschen muß man so und kann man gar nicht anders folgern, und eine große Zahl verantwortungsbewußter Menschen hat dies getan. Aus der großen Zahl möchte ich nur einige herausgreifen, die ich im Augenblick parat habe: Die Analyse von Professor Schelsky (»FAZ« vom Dezember 1971) deckt sich weitgehend mit meiner Analyse. Man sollte immerhin feststellen, daß Herr Schelsky ein sehr kluger Soziologe ist, den man nicht leichthin als einen Ignoranten abtun kann. Herr Ministerpräsident Filbinger hat zu diesen Fragen eine dezidierte Meinung, die sich mit meiner deckt. Nun aber: Lassen wir solche Leute, die Ihnen politisch nicht zusagen. Ich erinnere u. a. an Gerhard Szczesny, der unsere gegenwärtige psychologische Situation in seinem Buch »Das sogenannte Gute« untersucht hat. Ich bin nicht immer seiner Ansicht, vor allem die letzten Kapitel seines Buches scheinen mir anfechtbar zu sein, aber in der Analyse unseres jetzigen Zustandes stimme ich mit ihm überein, und der Ausgangspunkt seines Buches ist beinahe identisch mit dem Anfang meines Vortrags. Aber lassen wir Szczesny. Herr *Glotz* hat schon auf Herrn Richard *Löwenthal* hingewiesen. In der Beurteilung der psychosozialen Situation bin ich mit Herrn *Löwenthal* weitgehend einig. Dann möchte ich weitergehen: Vielleicht haben Sie das Büchlein von Professor Ortlieb (Mitglied der SPD seit dem Jahre 1931) gelesen: »Die verantwortungslose Gesellschaft – oder wie man die Demokratie verspielt«. Ich möchte hieraus zwei Dinge vorlesen. Zunächst die Widmung: »Gewidmet dem Theoretiker des Sozialismus, Carl Landauer, in freundschaftlicher Verbundenheit, dem Praktiker des Sozialismus Willy Brandt als Warnung.« Dann den Beginn des Vorwortes des Buches: »Dreimal habe ich in meinem Leben beobachten müssen, wie deutsche Staats- und Wirtschaftsbürger aller Kreise und Schichten in einer Mischung von Rausch, Panik und Lethargie offenbar nicht mehr wußten, was sie taten oder was mit ihnen geschah. Argumenten unzugänglich, streben sie jedesmal wie hypnotisiert in eine nicht nur für sie selbst gefährliche Richtung oder ließen sich widerstandslos dahintreiben« (H. D. Ortlieb, Die verantwortungslose Gesellschaft, Goldmann Verlag, München 1971). Dabei denkt er unter anderem an die Situation im Jahr 1930 und unsere gegenwärtige.

Erinnert sei weiter an die Warnung von Professor Nipperdey, Mitglied der SPD: »Es sind ja nicht wenige alte und junge Sozialdemokraten, darunter viele Reformer der ersten Stunde, die die vernünftigen Reformen und unsere demokratische Ordnung durch den gegenwärtigen Kurs aufs schwerste bedroht sehen.« Erinnert sei weiter an die publizierten Warnungen mehrerer sozialdemokratischer Professoren von der FU Berlin.

Ich möchte weiter Hermann Lübbe zitieren mit seinem Buch

»Hochschulreform und Gegenaufklärung« (Herder Verlag, Freiburg/Br. 1972); hier findet sich auf Seite 71 ein wichtiger Satz, den ich Herrn *Leussink* ausdrücklich zur Lektüre empfehlen möchte:

»Es ist ein unguter öffentlicher Zustand, wenn die etablierten politischen Kräfte, die Parteien, ja die Parlamente und die Regierungen die Herausforderung der neuen Jugendbewegung nicht annehmen. Es wäre das gut so und möglicherweise erfolgversprechend, wenn dahinter die Gelassenheit derer steckte, die ihrer Sache sicher sind. Das Gegenteil ist der Fall, der übelste Konzessionismus als Ausdruck der Unsicherheit solcher, die nicht begreifen, was sie da beunruhigt.« Ich stimme mit Herrn Lübbe in dieser Diagnose der Ignoranz überein. Nun, man könnte noch weitergehen. Beispielsweise weiß ich, daß innerhalb der SPD-Wählerinitiative mehrere prominente Leute mit meiner Sorge übereinstimmen, auch wenn sie diese nicht öffentlich artikuliert haben. Soweit zu den Versuchen von Herrn *Leussink,* mein Anliegen als unseriös abzuqualifizieren.

Ich möchte nun einiges zu Herrn *Glotz* sagen, vorab jedoch ausdrücklich feststellen: Dem überwiegenden Teil dessen, was Herr *Glotz* sagte, möchte ich zustimmen – dem überwiegenden Teil, aber nicht allem. Vor allem scheint es mir eine etwas leichte Argumentation zu sein festzustellen, daß diese extremen Linken in sich uneinig sind, sie haben nämlich einen Punkt, in dem sie sich sehr wohl einig sind, nämlich in der Absicht, dieses politische System kaputtzumachen. Daß sie dahinter nichts Positives aufbauen können, das ist meine Sorge.

Herr *Glotz* spricht von einer »vitalen Oberschicht«, und diese »vitale Oberschicht« habe ich als »Establishment« verstanden, und ich frage: Gibt es eine ernst zu nehmende soziologische Analyse, welche diese Interessenidentität und diese Konfliktfreiheit einer vitalen Oberschicht nachweist? Ich glaube, das, was wir über diese angebliche Interessenidentität wissen und täglich erleben, beweist, daß es ein »Establishment«, eine »vitale Oberschicht« als kohärente Gruppe nicht gibt, daß diese Leute genauso konfliktbeladen und zerrissen sind wie andere Menschengruppen auch. Ich glaube, daß hier eine gewisse historische Belastung bei Herrn *Glotz* nachwirkt.

Auf einen letzten Punkt möchte ich doch noch zu sprechen kommen. Die Analyse von Herrn *Glotz* ist so eiskalt. Deshalb möchte ich ihn fragen: Ist es für ihn ein Mangel an Möglichkeiten, daß er dieses System nicht zerstört sehen möchte, oder ist es sein Wunsch, daß dieses System erhalten bleibt?

GLOTZ

Herr *Steinbuch*, Sie haben völlig richtig erkannt, daß ich bei vielen meiner Thesen eigentlich völlig kalt, fixierend, strategisch vorgegangen bin und die inhaltlichen Fragen ausgeblendet habe. Lassen Sie mich sagen, warum ich das gemacht habe: Weil ich weiß, gerade aus den Diskussionen mit den Adressaten, um die es hier ging, daß man dort überhaupt nichts erreicht, wenn man mit »Herzblut« den demokratischen Sozialstaat feiert, sondern daß man gerade deren Anspruch, kalte Strategie zu machen, einmal befragen und abklopfen muß. Und das ist ja gerade meine These: Die reden ständig von Strategie, aber es ist ja gar kein strategischer Ansatz, der die Wirklichkeit einkalkuliert, sondern es sind im Grunde ganz gläubige Thesen, die die Gegner weitgehend unterschätzen. Deswegen habe ich das psychologisch – wenn Sie so wollen – so »eiskalt« zu formulieren versucht. Ich selbst bin der Meinung, daß ein demokratischer Sozialstaat und seine Fortentwicklung, eine reformistische Fortentwicklung dieser demokratisch-kapitalistischen Gesellschaft (wobei ich mit dieser Formulierung nicht euphemistisch zudecke, daß es eine kapitalistische Gesellschaft ist) ein möglicher Weg ist.

Herr *Steinbuch*, Sie haben uns verschiedene Namen aufgezählt von Leuten, die ich sehr schätze, und ich wäre der letzte, der sagte, daß alles das, was Sie formulieren, nicht seriös oder nicht ernst gemeint sei. Ich bin weit entfernt von dieser kindischen Aggressivität, die viele unserer Linken gegen einen Mann wie Richard *Löwenthal* haben. Ich bin in vielem nicht seiner Meinung, aber ich bin auf Grund seines Buches »Jenseits des Kapitalismus«, das er noch unter dem Namen Paul

Sering in der Emigration geschrieben hat, Sozialdemokrat geworden. Jetzt gehe ich nicht her und sage: Weil er jetzt eine sehr konservative Hochschulpolitik macht, ist er ein schlechter Mensch. Ich glaube, es geht gar nicht ums »Schätzen«, Herr *Steinbuch,* oder um die Anerkenntnis, daß *Ortlieb, Löwenthal, Szczesny* usw. schätzenswerte Leute sind, die es ernst meinen und die man akzeptieren muß. Die Frage ist: Ist Ihre Diagnose richtig? Und meine Antwort darauf ist einfach: Diese Diagnose über die »Gefährlichkeit« dieser linken Gruppierungen ist nicht richtig. Ich glaube auch, daß das an der verschiedenen Form des sozialen Kontaktes liegt, den wir pflegen. Das ist ein bißchen eine »Mandarinendiagnose«, wenn Sie mir diese soziologische Zuordnung erlauben mit einem Begriff aus der chinesischen Sozialgeschichte, den *Max Weber* ins Deutsche eingeführt hat. Ich komme nicht nur mit Studenten und Professoren zusammen, sondern mehr mit anderen sozialen Schichten, mit Facharbeitern und Angestellten, und ich habe den Eindruck, daß diejenigen, die unsere Gesellschaft so negativ beurteilen und die glauben, heute sei 1930, daß sich deren Kontakt ein bißchen stark beschränkt auf diese eine Gruppe von intellektuell argumentierenden Zwanzig- bis Fünfundzwanzigjährigen. Diese linken Gruppen haben nicht viel gemeinsame Kraft. Sie mögen alle der Meinung sein, dieser Sozialstaat muß kaputtgemacht werden. Aber sie sind ja nicht kooperationsfähig, sie sind ja nicht in der Lage, gemeinsam eine einzige – schauen Sie doch einmal unsere Universitäten an – eine einzige Aktion zustande zu bringen. Sie sind vielleicht in der Lage, Vorlesungen zu sprengen. Sie können auch 15 000 gemeinsame Demonstranten finden. Aber die Organisationsfähigkeit zum Umsturz einer Gesellschaft wie der der Bundesrepublik spreche ich diesen Gruppierungen in der Tat aus Kenntnis ab.

Ich glaube immer noch, daß der Mensch ein lernfähiges System ist, um diesen modischen Begriff zu gebrauchen, und daß deshalb nicht jeder, der mit zwanzig Jahren nach zwei Monaten vom Großbürgersohn, vom Tierarztsohn zum dogmatischen Sozialisten wurde, dieses auch dann noch bleibt, wenn er Oberstudienrat geworden ist. Ich gebe zu, das alles hat seine Probleme. Das Problem liegt für mich nicht darin, daß er anschließend »radikale« Propaganda macht und die Jugend verdirbt (das ist sehr selten), sondern das Problem liegt darin, daß viele von denen möglicherweise resignieren und dann nicht mehr dazu bereit sind, demokratische Werte zu vertreten. Daß also einfach die Kluft zwischen ihrem Anspruch und der gesellschaftlichen Realität zu groß wird, und daß oft Zyniker dabei herauskommen, die an der Wirklichkeit scheitern. Das ist eine Gefahr, die ich sehe, aber daß daraus wie gesagt die »Rote Zelle« wird, die hart daran arbeitet, diese Gesellschaft zu zerstören, das halte ich für eine grundfalsche Diagnose.

Sie haben dann Dohnanyi zitiert und haben gesagt, der Hinweis darauf, daß 99 Prozent der Vorlesungen nicht gestört werden, sei doch oberflächlich. Sie haben völlig recht, Herr *Steinbuch*, dieses wäre oberflächlich, wenn man nicht bedenken müßte, daß es doch interessiert, und zwar als Widerspruch auf – und als solcher war es nur gemeint – die Greuelpropaganda, die viele Zeitungen und manchmal auch der »Bund Freiheit der Wissenschaft« einseitig schreiben.

Weiter: In der »Schätzung« all der Kollegen, die Sie genannt haben, bin ich mit Ihnen einig. Ich möchte jedoch auf eines hinweisen, auf einen fundamentalen politischen Unterschied – und ich glaube, da sind wir uns fast einig, Herr *Steinbuch*. Nehmen wir Herrn *Schelsky*. Er spricht im selben Aufsatz, den ich vorhin zitiert habe, von der »Übersteigerung der Sozialforderungen«, die es massenhaft gibt. Da nennt er also den Nulltarif und die 36-Stundenwoche, wo ich vielleicht zur Zeit noch mit ihm einig bin, dann kommt aber folgendes: der Bildungsurlaub – das ist auch schon Übersteigerung der Sozialforderung! Und dann – jetzt kommt's – »überzogene Steuersätze« gegenüber den Reichen, der Wirtschaft allgemein; die »unkontrollierte Großzügigkeit der Berufsumschulungsfinanzierung«; Leistungen für den sozialen Wohnungsbau usw. usw. Wer da von »übersteigerten Sozialforderungen« spricht, der ist allerdings in der Tat einer völlig anderen politischen Meinung als ich.

Und weil Sie gemeint haben, auch die herrschenden Schichten seien verstritten – darauf kann ich Ihnen nur antworten: Es gibt in der Tat Oberschichten, die sich völlig darin einig sind, daß Leistungen für den sozialen Wohnungsbau und »unkontrollierte Großzügigkeit der Berufsumschulungsfinanzierung«, daß das »übersteigerte Sozialforderungen« sind. Diese Gruppierungen sind ganz unzerstritten, und jedes Prozent der Erhöhung der Körperschaftsteuer heißt für sie »Gefährdung des Rechtsstaates«. Wissen Sie, wenn wir davon ausgegangen wären vor fünfzig Jahren, als noch die 48-Stundenwoche als eine Übersteigerung der Sozialforderungen angesehen worden ist, wären wir heute noch im Jahr 1900. Es muß Leute geben, die im Sinne von *Schelsky* »übersteigern«.

Lassen Sie mich noch ein Letztes sagen. Ich gebe Ihnen recht, daß es viele Probleme gibt, beispielsweise im Bereich der Lehrlinge. Nur glauben Sie mir eines: Die Lehrlinge werden nicht rebellisch, weil sie von linksradikalen Lehrern oder Pastoren oder sonst jemandem rebellisch gemacht werden. Sie werden rebellisch, weil Hunderttausende von ihnen in Mittel- und Kleinbetrieben, statt anständig ausgebildet zu werden, erst einmal zwei Jahre lang den Fußboden fegen müssen.

Richard Löwenthal
Die Sicherung unserer Freiheit

In den letzten Wochen hat in der deutschen Öffentlichkeit eine Auseinandersetzung begonnen, die von grundsätzlicher Bedeutung für die Zukunft der Bundesrepublik ist: Die Debatte über Notwendigkeit und Methoden der Sicherung unserer freiheitlichen Demokratie vor ihren grundsätzlichen Gegnern. Die Ausbreitung dieser Diskussion fiel zeitlich mit der Erregung über die Attentate und Drohungen der »Baader-Meinhof-Gruppe« und mit den Gegenmaßnahmen zusammen, die jetzt zur Zerschlagung ihres Kerns geführt haben. Doch es geht dabei um Wichtigeres als die vorübergehende Gefahr, die von einer kleinen Gruppe von Terroristen ausging, und auch nicht um die unsinnigen und schädlichen Versuche eines Teils der Presse, alle Arten von »Linksintellektuellen« als geistige Urheber oder Helfershelfer mit den Terrorakten zu assoziieren. Die Debatte findet im Vorfeld eines erbitterten Wahlkampfs statt, doch sie wird *nicht* zwischen Koalition und Opposition, nicht zwischen den verantwortlichen Führern der großen demokratischen Parteien geführt: Sie dreht sich im Gegenteil um Maßnahmen, in denen trotz aller parteipolitischen Polarisierung der letzten Monate sich wieder ein wichtiges Stück Gemeinsamkeit zwischen allen jenen zeigt, die in Bund und Ländern Verantwortung tragen. Doch diese Maßnahmen werden von einer sich rasch formierenden Einheitsfront von linksstehenden Schriftstellern und Professoren, radikalen Studenten und Lehrergruppen, Kommunisten und Jungsozialisten mit wachsender Erbitterung bekämpft.

Ich spreche von der Auseinandersetzung um den – vom Bundeskanzler und der Bundesregierung unterstützten – Grundsatzbeschluß der Ministerpräsidenten der Länder vom

28. Januar 1972 über »Verfassungsfeindliche Kräfte im öffentlichen Dienst«.

Die Regierungen und die Führungen der demokratischen Parteien sehen eine nicht akute, aber langfristige Gefährdung unserer freiheitlich-demokratischen Institutionen in dem zunehmenden, zielbewußten Eindringen von grundsätzlichen Gegnern dieser Institutionen in den Staatsdienst – als Verwaltungsbeamte, als Richter, vor allem als Lehrer. Sie haben nicht vergessen, wie die Widerstandsfähigkeit der Weimarer Republik lange vor ihrer Endkrise, lange vor dem Auftreten einer nationalsozialistischen Massenbewegung untergraben wurde durch Beamte, Richter und Lehrer, die als erklärte Gegner der Demokratie von rechts ihre Ämter mißbrauchten, um den Widerstand gegen die »Novemberrepublik« zu propagieren und zu begünstigen. Sie sehen heute die kommunistischen Gegner der Bundesrepublik von »links« bemüht, von den Hochschulen aus in Scharen den organisierten »langen Marsch durch die Institutionen« des Staates anzutreten, und sie wollen dafür sorgen, daß Bonn nicht den Weg Weimars geht. Sie wissen, daß die Normalisierung unserer Beziehungen mit den Staaten des Sowjetblocks, daß die Entwicklung verstärkter Kontakte mit der DDR zu einer verstärkten geistigen Auseinandersetzung mit den von dieser vertretenen Ideen auf dem Boden der Bundesrepublik führen wird, und sie begrüßen diese Auseinandersetzung; doch sie wollen die Vertreter dieser Ideen, die auf ihrem eigenen Boden keine demokratische Opposition zulassen, auf unserem Boden auf die legale Opposition beschränken und ihnen nicht den Weg in den Staatsdienst öffnen.

Die linken Kritiker des Beschlusses der Ministerpräsidenten sehen keine solche Gefährdung unserer freiheitlichen Demokratie durch die Beschäftigung von Verfassungsfeinden im öffentlichen Dienst. Nach ihrer Auffassung liegt die Gefahr vielmehr in dem Beschluß selbst, der radikale Kritiker unserer Gesellschaftsordnung auf Grund ihrer politischen Gesinnung diskriminiere und also mit dem Geist des Grundgesetzes unvereinbar sei. Die Handhabung eines »inhaltlich unbestimmten Radikalismusbegriffs«, so heißt es in einem offenen Brief von 14 Schriftstellern an das Präsidium des Deutschen

Bundestags, sei verfassungswidrig; sie diene in der Praxis
» fast ausschließlich zur einseitigen Diskriminierung linker
Staatsbürger, während alte und neue Nazis unbehindert die
Staatsapparate durchwuchern«. Der Bundesvorstand der
Jungsozialisten bezeichnet den Beschluß der Ministerpräsidenten als »ein weiteres Nachgeben gegenüber dem Druck
der CDU/CSU«, der es nur um eine Diffamierung der gesamten Linken in der SPD zu tun sei, und kündigt gemeinsame Veranstaltungen gegen den Beschluß mit jenem »Sozialdemokratischen Hochschulbund« an, dem der Parteivor-
stand der SPD soeben das Recht zur Führung seines Namens
entzogen hat, weil er bereits überwiegend von Kommunisten
kontrolliert wird. In abgewogenerer Form warnt die »Ar-
beitsgemeinschaft Sozialdemokratischer Juristen« vor der
Rechtsunsicherheit, zu der die Anwendung von Begriffen wie
»verfassungsfeindlich« ohne Angabe rechtlicher Kriterien
und insbesondere die Diskriminierung gegen Mitglieder einer
nicht verbotenen Partei oder Organisation, die ohne Gerichts-
urteil als »verfassungswidrig« bezeichnet werde, führen
müsse.

Wenn gegen Regierungen, die sich um den Schutz der freiheitlichen Demokratie gegen ihre Feinde bemühen, der Vorwurf erhoben wird, daß die von ihnen gewählten Mittel
selbst den freiheitlichen und rechtsstaatlichen Geist des
Grundgesetzes verletzen, und wenn dieser Vorwurf gegen
sozialdemokratische Regierungschefs auch in wichtigen sozialdemokratischen Organisationen ein Echo findet, so ver-
dient eine politisch so brisante Kritik sorgfältige Prüfung.

Beginnen wir mit der Frage, was der Beschluß der Ministerpräsidenten wirklich enthält. Er geht von den *bestehenden* Vorschriften der Beamtengesetze in Bund und Ländern
aus und erinnert daran, daß diese den Beamten zwingend
verpflichten, sich innerhalb und außerhalb des Dienstes aktiv
für die freiheitliche demokratische Grundordnung einzusetzen, und nur die Berufung von Personen ins Beamtenverhält-
nis zulassen, die dafür die Gewähr bieten. Die »Diskriminierung« nach der »politischen Gesinnung« bei der Einstellung
von Beamten ist *in diesem Sinne* also längst geltendes Recht:
Ein Recht auf Einstellung in den Staatsdienst ohne Rücksicht

auf die Haltung zur Verfassung hat in der Bundesrepublik nie bestanden.

Der neue Anwendungsgrundsatz, an dem die Kritik sich entzündet hat, lautet: »Gehört ein Bewerber einer Organisation an, die verfassungsfeindliche Ziele verfolgt, so begründet diese Mitgliedschaft Zweifel daran, daß er jederzeit für die freiheitlich-demokratische Grundordnung eintreten wird. Diese Zweifel rechtfertigen in der Regel eine Ablehnung des Anstellungsantrags.« Es handelt sich also keineswegs um einen »unbestimmten Radikalismusbegriff«. *Das Wort »Radikale« kommt in dem Beschluß der Ministerpräsidenten überhaupt nicht vor,* und ebensowenig ist in ihm von Kritikern des gesellschaftlichen Systems der Bundesrepublik die Rede. Die Jungsozialisten etwa und viele linksstehende Schriftsteller sind zweifellos radikale Kritiker der bestehenden Gesellschaftsordnung, aber das macht sie in keiner Weise zu Verfassungsfeinden – im Gegenteil; das Grundgesetz gibt ja ausdrücklich die Möglichkeit zu demokratischen Eingriffen in das Eigentum!

Eine Organisation mit gesellschaftsverändernder Zielsetzung, wie radikal sie immer sei, ist also *nicht* als solche verfassungsfeindlich; sie wird es dann und nur dann, wenn sie durch Programm oder Doktrin darauf festgelegt ist, daß ihr Ziel nicht im Rahmen einer freiheitlichen Demokratie, also eines Mehrparteienstaates mit gesicherten Rechten für den einzelnen und die Minderheit, erreicht werden soll oder kann. »Verfassungsfeindlich« in diesem Sinn sind offenbar alle Parteien und Organisationen, die sich zum »Marxismus-Leninismus« bekennen, also alle kommunistischen Parteien und Splittergruppen, denn ihre Doktrin erklärt die Duldung von politischer Opposition als mit der Sicherung des »Aufbaus des Sozialismus« für unvereinbar: Das hat sich erst vor wenigen Jahren erneut bestätigt, als die deutschen Kommunisten die sowjetische und ostdeutsche militärische Intervention in der Tschechoslowakei mit der Begründung billigten, die Zulassung unabhängiger Organisationen, z. B. Gewerkschaften, und unkontrollierter öffentlicher Diskussionen gefährde das sozialistische System. *Nicht* nach dem Grundgesetz und *nicht* nach der Meinung der Ministerpräsidenten ist also ein sozialistisches Ziel mit unserer freiheitlich-demokratischen Grundordnung unvereinbar, wohl aber nach Ansicht der Kommunisten! Kommunistische Organisationen sind mithin im Sinne des Beschlusses der Ministerpräsidenten verfassungsfeindlich – nicht weil sie unser *gesellschaftliches* System radikal verändern wollen, sondern weil sie unser freiheitliches *politisches* System grundsätzlich verwerfen.

Wenn das so ist, warum läßt dann die Bundesregierung nicht die Verfassungswidrigkeit etwa der DKP durch den Verfassungsgerichtshof feststellen? Das Grundgesetz ermöglicht diese Feststellung nur im Zusammenhang mit einem Verbotsantrag, wie das seinerzeit gegen die alte KPD – und die rechtsradikale SRP – geschehen ist. Ein Verbot, auch gegen extreme Parteien, sollte aber in einer freiheitlichen Demokratie vernünftigerweise nur zum Schutz vor aktuellen, konkreten Umsturzgefahren erlassen werden: Solange die Gegner der Demokratie sich auf die legale Propaganda ihrer Ziele beschränken, ist es für eine Demokratie gesünder, sich mit den Argumenten der Gegner öffentlich auseinanderzusetzen und sie ihr Gesicht vor aller Welt offen zeigen zu lassen, wenn nötig auch im Parlament, als sie zu unterdrücken und damit zur Tarnung zu zwingen. Die DKP weiß genau, daß heute ein Umsturzversuch keine Chancen hätte, und lehnt – ganz wie andere linksradikale Gruppen – Gewaltaktionen »in der gegenwärtigen Situation« als unzweckmäßig ab. Die Bundesregierung hat daher keinen Grund, gegenwärtig ihr Verbot anzustreben, ebensowenig wie das der NPD. Aber aus der Zweckmäßigkeit der Zulassung legaler kommunistischer Organisations- und Propagandatätigkeit folgt keineswegs die Notwendigkeit der Einstellung von Kommunisten – oder von NPD-Mitgliedern – im öffentlichen Dienst. Denn ein Staatsbeamter hat nicht nur die Pflicht, sich »in der gegenwärtigen Situation« an die allgemeinen Gesetze zu halten – er hat zusätzlich die besondere Pflicht, aktiv für die freiheitlich-demokratische Grundordnung einzutreten, und die Erfüllung dieser Pflicht ist mit einer kommunistischen Überzeugung nicht vereinbar.

Damit kommen wir zu der Forderung der Kritiker, diese Unvereinbarkeit in jedem Einzelfall gerichtlich feststellen zu lassen. Auch der Beschluß der Ministerpräsidenten sieht ausdrücklich vor: »Jeder Einzelfall muß für sich geprüft und entschieden werden« – die Mitgliedschaft in einer verfassungsfeindlichen Organisation begründet nur einen Zweifel. Doch diese Prüfung kann bei der *Einstellung* von Beamten deshalb nicht *gerichtlich* erfolgen, weil es sich nicht um die Feststellung einer Gesetzes- oder Pflichtverletzung handelt: Auch der aktive Propagandist der Diktatur braucht kein Gesetz zu verletzen, solange seine Partei legal ist, und er kann keine Beamtenpflicht verletzen, bevor er Beamter ist. Die Forderung nach gerichtlicher Entscheidung über Nichteinstellung setzt ein Recht jedes Staatsbürgers auf Einstellung im Staatsdienst voraus, das nur durch nachzuweisende Verstöße verwirkt werden kann. Ein solches Recht besteht aber nicht: Der Staat hat im Gegenteil das Recht, sich seine Diener unter denen auszuwählen, die ihn aus Überzeugung bejahen. Wer diesen Grundsatz als »Berufsverbot« angreift, der erhebt die absurde Forderung, der Staat solle den Revolutionären, die auf die Chance zu seinem Sturz warten, eine Lebensstellung mit Pensionsberechtigung garantieren!

Grundsätzlich anders ist die Lage freilich bei der Entlassung von einmal eingestellten Beamten. Wer Beamter wird, erwirbt Rechte, di⟨ er nur durch einen nachweisbaren Verstoß gegen seine Pf⟨ichten verwirken kann. Der Beschluß der Ministerpräsidenten spricht für diesen Fall wohlweislich nur von der Pflicht des Dienstherrn, »auf Grund des jeweils ermittelten Sachverhalts die gebotenen Konsequenzen zu ziehen und insbesondere zu prüfen, ob die Entfernung des Beamten aus dem Dienst *anzustreben* ist«. Das Wort »anstreben«, das wir hervorgehoben haben, bezieht sich eben auf die Notwendigkeit, die durch das Disziplinarrecht vorgeschriebene Prozedur einzuhalten.

Der Vorwurf der Verletzung der Rechtsstaatlichkeit und des Geistes des Grundgesetzes ist also unbegründet. Die Ministerpräsidenten haben nur die Rechte und Pflichten zum Schutz unserer Demokratie in Erinnerung gerufen, die Bund und Länder nach dem Grundgesetz und den bestehenden Beamtengesetzen haben. Diese Erinnerung war nötig, um in einem Bundesstaat, wo die Einstellung von Beamten von einer

Vielzahl voneinander unabhängiger Regierungen gehandhabt wird, eine einheitliche Praxis in der neuen Lage zu sichern, in der sich erstmalig eine erhebliche Anzahl von grundsätzlichen Gegnern unserer politischen Ordnung um Stellungen im öffentlichen Dienst bewerben. Um solche Bewerbungen abzulehnen, ist nach den Richtlinien der Ministerpräsidenten keinerlei »Gesinnungsschnüffelei« nötig: Die Entscheidung kann in aller Regel auf Grund öffentlicher politischer Stellungnahmen der Bewerber oder auf Grund ihrer offenen Mitgliedschaft in öffentlich wirkenden politischen Organisationen gefällt werden. Wir brauchen und wollen keine Verdächtigungen im McCarthy-Stil, keine diffamierende Verwischung der Grenzen zwischen legitimer Kritik an unserer Gesellschaft und zielbewußter Bekämpfung unserer freiheitlichen Demokratie nach der Methode der »guilt by association«: Es kommt im Gegenteil darauf an, diese Grenzen schärfer als bisher zu ziehen.

Nicht wenige von denen, die von den Maßnahmen der Ministerpräsidenten zur Sicherung unserer Demokratie eine solche Verwischung der Grenzen, eine »Jagd« auf die Linke und eine Einschüchterung aller Kritik befürchten, handeln unter dem Eindruck jener Kampagne gewisser Presseorgane, die systematisch darauf ausgeht, im öffentlichen Bewußtsein die sozialdemokratischen Regierungen mit den Jusos, die Jusos mit den Kommunisten und die Kommunisten mit den bombenlegenden Terroristen zu assoziieren, wenn nicht gleichzusetzen. Sie verwechseln die präzis und vorsichtig formulierten Richtlinien der Ministerpräsidenten mit dieser Art von pauschaler Demagogie. Sie wiederholen damit den Irrtum jener Intellektuellen und Gewerkschaftler, die sich vor einigen Jahren an der Kampagne gegen die Notstandsgesetze beteiligten – in der oft gutgläubigen Befürchtung, die verfassungsrechtliche Vorsorge für den Notstandsfall sei die Vorbereitung zur geplanten Ausrufung des Notstandes, zur Abschaffung der Grundrechte und zur »Faschisierung« unserer Demokratie. Der Bundesjustizminister jener Zeit, Gustav Heinemann, hat damals vorausgesagt, wenige Wochen nach der Annahme der Gesetze würde niemand mehr davon sprechen – und er hat recht behalten.

Andere Kritiker wollen einfach nicht sehen, daß die Gefahr, von der die Ministerpräsidenten ausgehen, real ist – daß heute ernsthafte Bestrebungen zur Unterwanderung des öffentlichen Dienstes von »links« bestehen. Sie sprechen etwa davon, daß »alte und neue Nazis unbehindert die Staatsapparate durchwuchern« – ohne für das Eindringen »neuer Nazis« den geringsten Beweis zu erbringen und ohne zur Kenntnis zu nehmen, daß die aus dem Dritten Reich übernommenen Beamten heute schon allein durch Zeitablauf im Aussterben sind. Der im Grundgesetz verankerte Zwang zur Übernahme solcher Beamten, wenn sie sich nicht direkt an Verbrechen des Naziregimes beteiligt hatten, ist gewiß lange Zeit eine ernste Belastung der Bundesrepublik und ein Faktor der Stärkung ihrer konservativen und restaurativen Kräfte gewesen; eine Gefahr der Untergrabung der jungen Demokratie haben diese »alten Nazis« aber nie bedeutet, weil sie sich – ganz im Gegensatz zu den vom Kaiserreich übernommenen Beamten und Richtern in der Weimarer Republik – sehr schnell zu »Neo-Demokraten« und keineswegs zu Neo-Nazis entwickelten. Heute gehört dies Problem der Geschichte an.

Dagegen ist die Tatsache, daß sich unter den Tausenden von »linksradikalen« Absolventen unserer Hochschulen, die sich um Einstellung in den Staatsdienst als Lehrer, und der geringeren Zahl, die sich als künftige Verwaltungsbeamte oder Richter bewerben, ein beträchtlicher harter Kern von disziplinierten Kommunisten befindet, eine greifbare, gegenwärtige Realität – und eine Realität, die von den politisch Verantwortlichen um so weniger übersehen werden darf, als zwischen der DKP und der im Nachbarstaat regierenden SED Beziehungen enger Zusammenarbeit bestehen.

Hinter all diesen Einwänden aber steht bei vielen »Linken« eine tiefere, grundsätzliche Überzeugung, die der Auseinandersetzung ihr eigentliches politisches Gewicht gibt: Viele »Linke« teilen heute mit den Demagogen von rechts den Glauben, daß sie als demokratische Sozialisten mit den ebenfalls »sozialistischen« Kommunisten mehr gemeinsam haben müßten als mit nichtsozialistischen Demokraten – ein Glaube, in dem sie von den Kommunisten natürlich zielbewußt bestärkt werden. So verständlich eine solche Vorstellung angesichts der innen- und außenpolitischen Polarisierung der letzten Monate zwischen den großen demokratischen Parteien in der Bundesrepublik auch ist, zumal bei jungen Menschen ohne frühere politische Erfahrung, so grundfalsch und verhängnisvoll ist sie: Für die Freiheitsrechte jedes einzelnen, seine Rechtssicherheit und Wahlfreiheit als Staatsbürger, seine Meinungsfreiheit als Publizist oder Lehrer, sein Streikrecht und Mitbestimmungsrecht als Gewerkschaftler ist der Unterschied zwischen freiheitlicher Demokratie und Parteidiktatur unvergleichlich bedeutsamer als der zwischen verschiedenen Eigentumsordnungen. Darum besteht eine schlechthin lebenswichtige Gemeinsamkeit zwischen allen Demokraten auch dann, wenn der demokratische Linkssozialist – oder der sozialistenfeindliche konservative Demokrat – es nicht weiß oder nicht wahrhaben will. In den 17 Jahren, während deren die Bundesrepublik von rein bürgerlichen Mehrheiten regiert wurde, waren die Grundrechte der sozialdemokratischen Opposition, von vereinzelten Übergriffen abgesehen, sowenig gefährdet wie die Grundrechte der heutigen Opposition unter einer sozialdemokratisch geführten Regierung. In einem Jahr kommunistischer Herrschaft würden beide sie verlieren.

Im kommenden Bundestagswahlkampf werden die politischen Konzepte der großen demokratischen Parteien erneut hart zusammenstoßen. Der Wähler wird, wie das zum Sinn der Demokratie gehört, vor scharfen Alternativen stehen. Um so wichtiger ist es für den Bestand dieser Demokratie, daß gerade jetzt die Beschlüsse der Ministerpräsidenten und die von allen Parteien unterstützten Sicherheitsgesetze uns daran erinnern, was alle Demokraten ohne Unterschied der Partei gemeinsam haben: Das Interesse an der Sicherung der Freiheit. Lassen wir niemanden daran rütteln!

Kurt Naumann
»Der dritte Weg« und die Frage nach der Wahrheit

Eine der großen Szenen der Weltgeschichte ist uns in den Dokumenten des Neuen Testaments in der Schilderung der Gerichtsszene zwischen dem römischen Procurator Pontius Pilatus und Jesus von Nazareth überliefert. Im Verhör durch Pilatus wird die Frage nach der Legitimation des vor ihm stehenden Angeklagten gestellt, den die Juden als politischen Aufwiegler und somit als Gefahr für das bestehende politische System hinstellen. Der Evangelist Johannes überliefert das in dieser Situation gesprochene Wort Jesu: »Ich bin dazu geboren und in die Welt gekommen, daß ich für die Wahrheit zeugen soll. Wer aus der Wahrheit ist, der höret meine Stimme.« Der auf jegliche irdische Macht verzichtende Mann aus Nazareth legt hier vor dem Vertreter der römischen Weltmacht in souveräner Überlegenheit Zeugnis ab für eine Wahrheit, die durch keine Macht oder Gewaltanwendung gebeugt oder beseitigt werden kann. Es ist die Wahrheit, die sich letztlich dadurch legitimiert, daß sie nicht Gewalt predigt und anwendet, sondern sich zur Gewaltfreiheit bekennt, daß sie zur eigenen Lebenshingabe fähig und bereit ist, da sie menschliches Leben als Verantwortung vor einer letzten Instanz versteht, die menschlichem Zugriff entzogen ist. Der Mann aus Nazareth erweist vor dem Vertreter der römischen Staatsmacht, daß es auch in der großen Politik darum geht, aus dieser letzten Wahrheit heraus zu leben.

Die Konfrontation mit der so bezeugten Wahrheit stört das politische Konzept des Pilatus und paßt nicht in das Koordinatensystem eines politischen Pragmatikers, dem nur der Erfolg und das Fortbestehen seines Systems und seiner durch dieses System garantierten politischen Karriere wichtig ist. Er stellt darum in ironisierender Abwehrhaltung die

Frage: »Was ist Wahrheit?« Was ist schon eure Wahrheit, meint er wohl, um die ihr Juden da streitet, als ob das Heil der Welt davon abhinge! Das Heil und das Wohl der Welt hängen von ganz anderen Dingen ab, und die habe ich in Verwaltung: Ich bin verantwortlich für die Pax Romana, für Gesetz und Ordnung, für die Sicherheit und den Frieden der Welt, die durch das römische Weltreich garantiert werden. Das ist meine Wahrheit, und eine andere Wahrheit interessiert mich nicht. Wenn die Wahrheit, für die du als Zeuge auftrittst, eine andere ist, dann hast du halt Pech, denn sie ist schwächer als meine Wahrheit, die die stärkeren Bataillone auf ihrer Seite hat.

Die Frage nach der Wahrheit, wie sie von Jesus gestellt wurde, ist bis heute nicht verstummt, ist und wird wohl auch in der Geschichte der Menschheit niemals verstummen können. Wir sind also in der Deutung der Welt und ihrer Sinnhaftigkeit, in der Frage nach der Begründung von Werten und Normen für das politische Leben über Pilatus wohl nicht hinausgekommen. Hier hat jeder seine Wahrheit. Hier gliedert sich die Menschheit in große Gruppen, deren jede eine ganz bestimmte Wahrheit glaubt und verkündet.

Da jede dieser Gruppen ihr System der Wahrheit meist für absolut hält und da davon, daß dies geglaubt wird, ihre Herrschaft und ihre Existenz abhängen, sind um die Geltung und den Führungsanspruch der einen oder der anderen dieser Wahrheiten verheerende Kriege geführt worden. Das furchtbarste Mißverständnis in der Geschichte der abendländischen Kultur und ihrer Völker bestand wohl darin, daß diese Kriege oft unter dem Zeichen des Kreuzes und im Namen dessen geführt wurden, der in der geschilderten Szene vor Pilatus den Ausspruch tat: »Wäre mein Reich von dieser Welt, meine Diener würden darum kämpfen . . ., aber nun ist mein Reich nicht von dieser Welt« (Joh. 18, 36). Jesus hat nicht verheißen, daß sich die von ihm unter Hingabe seines Lebens bezeugte Wahrheit bei allen Menschen als gültig durchsetzen wird. Ebensowenig besteht wohl Aussicht, daß eine der vielen von menschlichen Machtgruppen mit Gewalt und Blut als allein gültige Wahrheit propagierten Heilslehren eines Tages die ganze Welt beherrschen wird. Da die Geschichte der Menschheit offenbar dadurch geprägt ist, daß in ihr widerstreitende Wahrheitsansprüche gegeneinander im Kampf liegen, so ist aus der Sicht der christlichen Geschichtstheologie zu erwarten, daß immer wieder in diesem Kampf von Macht und Gewalt anwendenden Wahrheiten die eine Wahrheit ihre Stimme erheben wird, die dem Menschen die letzte Frage nach seiner Existenz zu beantworten vermag, die Wahrheit, von der Jesus deshalb mit Recht sagt: »Sie wird euch frei machen« (Joh. 8, 32). Damit stellt Jesus das Postulat auf, das auch im politischen Raum größte Relevanz besitzt: Erkenntnis der Wahrheit und Freiheit des Menschen sind unauflösbar miteinander verbunden: Es gibt keine Wahrheit ohne Freiheit; Wahrheit kann nicht in der Unfreiheit gedeihen und sich entfalten. Umgekehrt gibt es aber auch keine Freiheit ohne Wahrheit, ohne die Hingabe an ein verpflichtendes Wertsystem, welches an der Würde des von Gott geschaffenen und zur Freiheit bestimmten Menschen orientiert ist.

Nun kann man natürlich sagen, ein solches an der Wahrheitsfrage orientiertes Wertsystem sei eben eine religiös oder weltanschaulich geprägte Ideologie, und mit Ideologien hätten wir Deutschen in den letzten Jahrzehnten uns selbst und der Welt zum Schaden einen grauenvollen Mißbrauch getrieben. Darum sei es vielleicht besser, ein politisches System erst gar nicht mit der Frage nach der Wahrheit zu belasten, da dies immer die Tendenz zur Intoleranz und zum ideologischen Fanatismus in sich berge. Darum: höchstes Mißtrauen gegenüber allen mit dem Anspruch der Wahrheit auftretenden Ideologien! Was wir brauchen, sind nicht Ideologien, sondern Ideologiekritik!

Nach den furchtbaren Erfahrungen mit der nationalsozialistischen Ideologie konnte es den Anschein haben, als sei die radikale Abkehr von mit dem Anspruch auf letzte Wahrheit auftretenden Ideologien jeder Art die für uns Deutsche aus der Geschichte zu ziehende Lehre. Nach 1945 wuchs bei uns in der Bundesrepublik eine junge Generation heran, deren Ablehnung jedes politischen und ideologischen Engagements ihr den Namen der »skeptischen Generation« eintrug. Selbst ihr Interesse für ein positives Ziel, nämlich die Errichtung eines neuen geeinten Europa, durch symbolische Verbrennung von Grenzpfählen demonstriert, mußte eher als entschlossene Abwendung von allen früheren Ideologien, als Verbrennung des bisher Angebeteten erscheinen, denn als Hinwendung zu einer neuen ideologieverdächtigen Sache. Nach so vielen Enttäuschungen schien das Ziel dieser nüchternen, skeptischen Generation zu sein, jede wie immer geartete Ideologie abzulehnen und nichts als wahr und gut anzuerkennen, es sei denn das rational Einsichtige, das eigene Interesse und das eigene Sicherheitsbedürfnis, welches bei der Wahl eines Berufes schon gleich die Höhe der zu erwartenden Pension mit einkalkuliert. Darum: Keine Experimente! Sondern lieber Sicherheit! Derartige Wahlparolen der frühen 6oer Jahre waren gerade auch auf diese skeptische Generation gemünzt.

Und dann folgte auf diese anpassungswillige, konformistische, auf Sicherheit bedachte und pragmatisch denkende Jugend eine Generation, die 1967 plötzlich auf die Straße geht und für das demonstriert, was sie als erkannte Wahrheit betrachtet. Sie protestiert als außerparlamentarische Opposition leidenschaftlich und mit dem Anspruch letzter Wahrheit gegen die ihrer Meinung nach nur auf dem Papier existierende demokratische Gesellschaftsordnung. Sie scheut vor Gewalt und sinnloser Zerstörung, aber auch vor eigenen Opfern an Verletzten und Toten nicht zurück und tut das alles, weil sie die Gesellschaftskritik und die marxistischen Theorien einiger ihrer Professoren als Zukunftsvision und erlösende Heilslehre akzeptiert, deren utopischer Charakter sie fasziniert. Diese zweite Nachkriegsgeneration rühmt sich als »Neue Linke« ihrer antiautoritären Haltung, ihres kritischen Bewußtseins und ihrer Rationalität. Ihr blinder Glaube an politische und ökonomische Schlagworte, die sie unablässig rezitiert und deren Urheber sie in Prozessionen mit kultischen Tänzen und Sprechchören feiert, führt sie zu äußerster Intoleranz in gläubiger Hingabe an ein ideologisches System, dem sie sich verschrieben hat.

Die Wahrheitsfrage in der Politik wurde von dieser Jugend mit einer neuen und ungeahnten Leidenschaftlichkeit gestellt. Die Sehnsucht nach unmittelbarer Demokratie, die Kritik an der zunehmenden bürokratischen Erstarrung der

Parteien und an der zunehmenden Undurchsichtigkeit politischer Entscheidungen ließen ihr die vorhandene Demokratie als bloße Verschleierung für kapitalistische Wirtschaftsinteressen und autoritäre politische Machtapparate erscheinen. Die Wahrheit in der Lösung politischer Probleme und Krisen wird nun in der »romantischen Utopie« gesehen, in einer Idealdemokratie mit der Abschaffung der Herrschaft von Menschen über Menschen, in dem großen Wurf einer Gesamtlösung für alle politischen Probleme auf der Grundlage einer Utopie, die *Richard Löwenthal* in seinem Buch »Der romantische Rückfall« treffend beschrieben hat.

Die Umfunktionierung eines als »Systemkritik« sich bezeichnenden antiideologischen Rationalismus der skeptischen Generation zu einem inbrünstigen quasireligiösen Glauben der darauffolgenden Generation zeigt das elementare Bedürfnis nach einem romantisch-utopischen Glauben, durch welchen es dieser Jugend offenbar unmöglich gemacht ist, den »systemimmanenten Weg« zu gehen. Gerade der Verzicht auf ideologische Utopien, also der systemimmanente Weg, wäre jedoch die einzig reale Chance, um zu den wahren Problemen vorzustoßen und uns wirksam um die fortschreitende Vermenschlichung unserer Gesellschaft und ihrer ökonomischen und politischen Strukturen zu bemühen. Denn die Wahrheit eines politischen Systems und einer Gesellschaftsordnung kann heute in unserer Welt nicht durch Utopien, Intoleranz und Gewaltanwendung bezeugt werden. Der Prüfstein für die Wahrheitsfrage ist allein Respekt für die Wahrheit der anderen, Bereitschaft zur Toleranz und zur Koexistenz und damit zu einer größeren Humanität.

Dieser systemimmanente Weg der ständigen Reformen wäre wohl »Der dritte Weg«, der Weg zu einer humanen Gesellschaft jenseits von einem Kapitalismus, der die Entfremdung des Menschen von sich selbst bewirkt, aber auch jenseits von einem messianisch-utopischen Kommunismus, der den Menschen durch trügerische Verheißungen eines kommenden Paradieses seiner Freiheit heute beraubt.

Ob und wie unsere Gesellschaft imstande sein kann, diesen dritten Weg zu finden und zu gehen durch Weiterentwicklung des Modells einer demokratischen, freiheitlichen, rechts-

staatlichen und sozialstaatlichen Ordnung, darüber soll auf
dieser Tagung in dem heutigen abschließenden Gespräch zwischen Podium und Plenum gemeinsam nachgedacht werden.
Ich persönlich bin dabei der Überzeugung, daß uns dies am
ehesten gelingen wird, wenn wir davon ausgehen, nicht selbst
in dem Besitz der alleinigen Wahrheit zu sein, sondern daß
die Erkenntnis der Wahrheit, die uns frei machen soll, uns
nur durch den Geist des Dialogs und das echte Aufeinander-
hören begegnen kann.

Podiumsdiskussion
»Der dritte Weg«
Ziel einer humanen
Gesellschaft

Teilnehmer des Podiums: Peter Glotz, Johannes Ickert,
Werner Maihofer, Ernst Oldemeyer, Eberhard Stammler,
Karl Steinbuch
Gesprächsleitung: Kurt Naumann

(Die Diskussionen der Tagung brachten bisher hinsichtlich der
Motivation dessen, was Steinbuch als humane Gesellschaft
bezeichnete, eine erstaunliche Übereinstimmung. In der Analyse des gegenwärtigen Zustandes unserer Gesellschaftsordnung und ihrer Gefährdung gab es jedoch keine Übereinstimmung. Eine kleinere Gruppe hielt mit Steinbuch daran fest,
daß wenig Grund dafür bestehe anzunehmen, daß unser politisches System in einer Krisensituation stabil sei. Es gebe
wohl zwischen der historischen Situation des Jahres 1930 und
der jetzigen wirkliche Unterschiede; diese seien nicht zu leugnen, jedoch vordergründiger Natur: »Man steigt ja nicht
zweimal in denselben Fluß!« Hintergründig jedoch bestehen
eingehende Parallelen zwischen 1930 und heute.
Wichtiger jedoch als diese unterschiedliche Diagnose schien
die Übereinstimmung hinsichtlich des Ziels einer humanen
Gesellschaft jenseits von Kommunismus und Kapitalismus zu
sein. Um einem möglichen Mißverständnis vorzubeugen:
Niemand dachte dabei an eine ideologische Gleichschaltung.
Man wollte die Pluralität der Meinungen, war jedoch davon
überzeugt, daß eine humane Gesellschaft sich in ihrem Zusammenleben nicht im Austragen von Konflikten erschöpfen
dürfe, sondern darüber hinaus in der Lage sein müsse, ihre
eigenen Probleme zu lösen. Als Voraussetzung für eine solche
Problemlösungsfähigkeit aber ist ein Minimalkonsens der
Werte und Ziele notwendig, die von einer humanen Gesellschaft selbstverständlich anerkannt werden.
Im ersten Teil der Podiumsdiskussion gaben die Referen-

ten eine Diagnose der gegenwärtigen Situation in Anknüpfung an die bisherige Sachdiskussion. Der zweite Teil führte dann zur Beantwortung der Fragen der Therapie und der Strategie. *Die Herausgeber*).

STEINBUCH
Darf ich bitte kurz rekapitulieren: Ich unterscheide einerseits materielle und andererseits psychische und soziale Bedingungen einer humanen Gesellschaft. Bei den materiellen Bedingungen beziehe ich mich auf die Arbeiten des »Club of Rome«. Wenn auch seine Arbeiten vorläufig und nicht als endgültige Wahrheiten zu sehen sind, so glaube ich doch, daß hier wichtige Erkenntnisse erarbeitet sind, an denen wir nicht länger vorbeigehen dürfen. Die vorläufigen Schlußfolgerungen hinsichtlich der materiellen Bedingungen einer humanen Gesellschaft der Zukunft sind:

1. Wenn die gegenwärtige Zunahme der Weltbevölkerung, der Industrialisierung, der Umweltverschmutzung, der Nahrungsmittelproduktion und der Ausbeutung von natürlichen Rohstoffen unverändert anhält, werden die absoluten Wachstumsgrenzen auf der Erde im Laufe der nächsten hundert Jahre erreicht. Mit großer Wahrscheinlichkeit führt dies zu einem ziemlich raschen und nicht aufhaltbaren Absinken der Bevölkerungszahl und der industriellen Kapazitäten.

2. Es erscheint möglich, die Wachstumstendenz zu ändern und einen ökologischen und wirtschaftlichen Gleichgewichtszustand herbeizuführen, der auch in weiterer Zukunft aufrechterhalten werden kann.

3. Je eher die Menschheit sich entschließt, diesen Gleichgewichtszustand herzustellen, und je rascher sie damit beginnt, um so größer sind die Chancen, daß sie ihn auch erreicht.

Soviel hinsichtlich der materiellen Bedingungen für eine humane Gesellschaft der Zukunft. Ebenso wichtig sind die psychischen und sozialen Bedingungen für ein wünschbares menschliches Leben. Mein verstorbener Freund Klaus Tuchel hat diese Bedingungen auf eine prägnante Formel gebracht:

»Überleben heißt Frieden halten und Vermeiden von Gewalt jeder Art. Es heißt zureichende Versorgung aller Menschen mit Nahrung, Wohnung, Kleidung, Arbeit, Information. Es heißt freie Entfaltung der Fähigkeiten des einzelnen durch gleiche Chancen für alle im Rahmen der gesellschaftlichen Bindungen, in denen er lebt. Menschenwürdiges Überleben bedeutet auch Toleranz, Geduld, Freundschaft, Muße, Kreativität, Liebe. In einem Satz: Menschenwürdiges Leben ist ein Leben frei von Angst im Vertrauen auf eine praktizierte allgemeine menschliche Solidarität.«

Ich bin der Überzeugung, daß die notwendige ideologische Gemeinsamkeit auf der Basis eines Minimalkonsensus vor allem durch eine Herausforderung hergestellt werden kann, und diese Herausforderung kann beispielsweise unter anderem durch die Prognosen des »Club of Rome« herbeigeführt werden.

GLOTZ
Herr Steinbuch hat die gestrige Diskussion sehr fair zusammengefaßt. Der Grunddissens zwischen uns lag in der Tat in der Beurteilung der Diagnose unserer Gesellschaft, nämlich in dem Vergleich 1930 = 1972, den ich ablehne. Ich bin jedoch der Meinung, daß niemand sicher sein kann, daß bei einer schweren wirtschaftlichen Krise, beispielsweise bei den gestern genannten zwei Millionen Arbeitslosen, diese Gesellschaft stabil sei. Ich frage allerdings: Welche Gesellschaft ist unter solchen ökonomischen Bedingungen stabil? In einer solchen Situation würde ich eher fragen, ob die Loyalität der Basis gegeben ist, und nicht so sehr die Loyalität des Überbaus in Frage stellen, wie das Herr Steinbuch in seiner Diagnose zum Ausdruck bringt. Dies ist aber wohl kaum ausschließlich ein Problem der Bundesrepublik.

Auf der Suche nach dem Sinn unserer Ordnung bricht in diese Gesellschaft, vor allem in die jüngere Generation, heute das Bedürfnis nach geschlossenen ideologischen Systemen und nach vollständigen Erklärungsmodellen ein. Das ist das Problem, vor dem heute alle demokratischen Parteien stehen. Wie integrationsfähig sind unsere Parteien gegenüber diesen Gruppen, die auf der Suche nach Sinn solchen umfassenden

Erklärungsmodellen anheimfallen? Ich bin mit Herrn Steinbuch einig, daß hier eine Motivierungsschwäche unserer Gesellschaft liegt. Das heißt, wir haben es sehr schwer, große
Gruppen von Menschen positiv zu einer Mitarbeit in unserer
Staats- und Gesellschaftsordnung zu motivieren. Wir müssen
erkennen, daß die Bürgerfreiheiten ein Produkt der Ökonomie sind und daß sie leicht zusammenbrechen können, wenn
diese Ökonomie nicht mehr richtig funktioniert.

Ich habe gestern gesagt, daß ich an den dritten Weg glaube,
und ich habe darzustellen versucht, daß er nicht in einer Verbindung eines dogmatischen Sozialismus im ökonomischen
Sinn mit den Bürgerfreiheiten der Demokratie liegt, die seit
den Revolutionen des 18. Jahrhunderts erkämpft worden
sind. Der dritte Weg liegt auch nicht in der Verbindung von
vollständiger Ablösung der privaten Verfügungsgewalt über
Produktionsmittel und den bürgerlichen Freiheiten. In unserer jetzigen historischen Situation ist das keine mögliche
Lösung.

Ich sehe den dritten Weg in einer reformistischen Praxis,
für die ich drei Positionen noch einmal benennen möchte:
– die Zurückdrängung der totalen Wachstumsideologie;
– die Demokratisierung unserer Gesellschaft auf breiter
   Ebene;
– die Erhaltung jener Bürgerfreiheiten oder Grundrechte,
   die beim dogmatischen Sozialismus und Kommunismus
   längst verlorengegangen sind.
Dieser dritte Weg führte in der Tat zu einem »reformistischen« Europa. Dieser von mir vertretenen Konzeption stehen als konkrete machbare Alternativen gegenüber: ein kon-
servatives Europa auf der einen Seite und ein dogmatisch-
sozialistisches Europa auf der anderen Seite. Die entscheidende Frage ist nun, ob gegenüber diesen beiden Positionen
ein reformistisches Europa eine Chance hat. Ein vierter Weg
ist unter unseren heutigen Bedingungen nicht gegeben.

OLDEMEYER
Die Frage nach dem Beitrag der Philosophie zur Formulierung einer Wertordnung für eine künftige menschenwürdige

Gesellschaft jenseits von Kapitalismus und Kommunismus bringt den Philosophen in eine gewisse Verlegenheit. Einerseits wegen des darin anklingenden Anspruchs an eine kritische Disziplin, etwas zu leisten, was bisher mit wirklicher Durchsetzungskraft meist nur dogmatische Religionen und Weltanschauungen zu leisten vermochten. Andererseits wegen der heute damit implizierten Forderung nach nicht »idealen«, sondern realistischen Zukunftsentwürfen. In ihrer metaphysisch-ontologischen Tradition ging die europäische Philosophie primär von der Frage nach invarianten Strukturen des kosmischen und menschlichen Seins aus. Sie beschäftigte sich mit dem gleichbleibenden »Wesen«, nicht mit dem Wandelbaren, Neuen. Auch als Geschichtsphilosophie – von den antiken Zeitalterlehren über die christliche Heilsgeschichte bis zu Hegels und Marxens Konstruktionen der Weltgeschichte – pflegte sie das Konzept eines »notwendigen« Entwicklungsgangs zu verfolgen, der im wesentlichen durch bestimmte Ereignisse der Vergangenheit determiniert sein sollte: durch Sündenfall, Erwachen des Selbstbewußtseins, Entstehung von Arbeitsteilung und Privateigentum usw. Die Aussagen über die Zukunft blieben meist blaß und am Gedanken der Wiederherstellung eines unterstellten glücklichen Urzustandes orientiert. Nur in außenseiterischen Unternehmungen wurde das Künftige als freies menschliches Produkt gesehen: in den Entwürfen von »Utopien«. Die klassischen Utopien (Morus, Bacon, Campanella usw.) waren aber als Gegenmodelle zur jeweils bestehenden sozialen Wirklichkeit, wie der Name sagt, in einem »Nirgendland« angesiedelt, so daß die Realisierungsfrage nicht auftauchte. Die Forderung nach konkreten Modellen einer künftigen normativen Ordnung, die unter realistischer Einschätzung der Gegenwartslage zu verwirklichen sei, kann erst gestellt werden, seitdem Normen als etwas vom Menschen Machbares entdeckt sind und seitdem langfristige Aufgaben der Lebensgestaltung sichtbar werden, die ohne Planung und normative Vorentscheidungen nicht zu bewältigen sind. Solange die Philosophie sich als kritische Disziplin versteht, sollte sie aber diejenige Distanz von praktischen Entwürfen und Planungen zu wahren suchen, die ihr erlaubt, deren Inhalte in einem weiten Kontext von Voraussetzungen und Konsequenzen zu sehen und sie an Alternativen zu messen.

Um in diesem Sinne zur Diskussion um einen »dritten Weg« etwas beizutragen, muß ich auf die Analyse der gegebenen Situation zurückkommen, an der ich noch andere Aspekte sehe, als sie Herr Steinbuch und Herr Glotz herausgearbeitet haben. Die Konfliktlage unserer kapitalistischen Gesellschaftsordnung in der Bundesrepublik, auf die sie sich bezogen, möchte ich abgekürzt folgendermaßen zusammenfassen (wobei zu berücksichtigen ist, daß es analoge Konflikte in allen fortgeschrittenen Industriegesellschaften gibt): Einerseits stehen wir vor internen und externen Problemen nie gekannten Ausmaßes, die nur durch äußerste kollektive Anstrengungen gemeinsam mit allen anderen Gesellschaften zu lösen sein werden (Folgen der wachsenden Industrialisierung und Urbanisierung; Umweltzerstörung; Bevölkerungsdruck; Kluft zwischen »reichen« und »armen« Nationen; Erschöpfung von Rohstoffreserven; Disfunktionalität von Kriegen und imperialer Politik; Emanzipation bisher benachteiligter Gruppen). Andererseits gewinnt, ausgehend von aktiven Kreisen in der »jungen« Generation, eine Fronde von Systemkritikern Einfluß, die die Mitarbeit an Gemeinschaftsaufgaben auf der Grundlage des Status quo aus Prinzip verweigert und eine radikaldemokratische oder antiautoritärsozialistische Revolutionierung des bestehenden »Systems« anstrebt.

Die »ältere« Generation derer, die den Übergang von nationalsozialistischer Diktatur über Krieg und Zusammenbruch bewußt erlebt und den Aufbau der Bundesrepublik entscheidend mitgetragen haben, ist durch die eingetretene »psychosoziale Vergiftung« tief verunsichert. Sie versteht nicht, daß der eklatante Fortschritt, den unsere parlamentarisch-rechtsstaatliche Verfassungswirklichkeit gegenüber dem »Dritten Reich« bedeutet, von den jugendlichen »Protestanten« offensichtlich nicht gesehen wird. Manche halten das für eine fast unbegreifliche Undankbarkeit der Kinder gegenüber den Aufbauleistungen der Eltern. Diejenigen, die (wie Steinbuch) eigene Versäumnisse zugeben, suchen diese vielfach in der »ideologischen Prüderie« der im Zeichen des

Wirtschaftswunders aufgebauten Gesellschaft. Sie rufen nach einer neuen Ideologie, in der die Ziele und Werte des eigenen »Systems« einprägsam verdeutlicht würden. Werden dabei Orientierungswerte angegeben, so findet sich Altbewährtes (wie Ehrfurcht vor dem Leben, Anstand, Gemeinsinn, Autorität der Erfahrenen, Leistungsprinzip) neben manchem erst zu Bewährendem, das der gegebenen Situation Rechnung zu tragen sucht (Gleichgewichtsdenken statt Wachstumsdenken; Anerkennung unablässiger reformerischer Dynamik; verantwortliche Teilhabe aller).

Wie leicht zu sehen ist, lassen sich nicht alle diese Werte miteinander vereinbaren. In dieser Unsicherheit über das, was man wollen soll, in dieser Unsicherheit auch über das Verhältnis zwischen Ideologie und Wissenschaft, manifestiert sich ein Mangel an wirklich durchdringender Einsicht in die Gründe, die zur gegenwärtigen Krise geführt haben. Es manifestiert sich darin aber auch einer dieser Gründe selbst. Er besteht in bestimmten Zügen des Prozesses, den *Nietzsche* »Umwertung der Werte« genannt hat. Solche Umwertungen von kollektiv geltenden Orientierungsgesichtspunkten des Verhaltens und Bewußtseins und in ihrem Gefolge von (moralischen und rechtlichen) Normen treten im Zuge der ökonomisch-sozialen und kulturell-ideologischen Veränderungen immer wieder ein. Als Beispiel erwähne ich nur das für breite Schichten auch traditionsgebundener Christen feststellbare Unglaubwürdigwerden der jahrhundertelang dominierenden »Jenseitsorientierung«. Es ist heute auch für eine christliche Einstellung fast selbstverständlich geworden, Glück und Selbstverwirklichung im irdischen Leben zu beanspruchen, statt diesen Anspruch aus dem »Jammertal« auf ein »Fortleben« zu projizieren.

Ich kann hier nicht auf ursächliche Faktoren der sehr komplexen und konfliktreichen Umwertungsprozesse eingehen, die keinesfalls monokausal zu erklären sind. Ich möchte aber auf eine charakteristische Art der Bewältigung solcher Umorientierungen hinweisen. Es ist nicht so, daß irgendwelche »alten« Werte und Normen dabei einfach säuberlich durch »neue« abgelöst würden. Vielmehr treten während längerer Zeiträume Überlagerungen von alten und neuen Mustern ein, die nicht ohne weiteres miteinander vereinbar sind. Dadurch ergeben sich Wert- und Normenkonflikte, zu deren Bewältigung sich in den betreffenden Gesellschaften wieder bestimmte Verfahren: Konventionen, soziale Gewohnheiten, ausbilden. Zu den wichtigsten gehören »doppelte« Wertorientierungen, insbesondere »Doppelmoralen«. Diese bestehen darin, daß »an sich« unvereinbare Wert- und Normenkanons durch ihre Zuordnung zu verschiedenen Personenkreisen oder Lebensbereichen vereinbar gemacht werden (»quod licet Iovi, non licet bovi«). Ein in diesem Sinne »doppelt« orientiertes Leben braucht nicht unbedingt in bewußter Unaufrichtigkeit geführt zu werden. Es ist viel Selbsttäuschung, Verdrängung und »blindes« Befolgen eingefahrener Verhaltensmuster im Spiel.

Wer seine Aufmerksamkeit nicht nur auf die kodifizierten, sondern auch auf die »gelebten« Wert- und Normenordnungen gegenwärtiger Gesellschaften lenkt, wird feststellen, daß sie weithin mit solchen Doppelorientierungen durchsetzt sind. Als klassisches Beispiel gilt der Bereich des Sexualverhaltens, wo lange Zeit erhebliche Diskrepanzen nicht nur zwischen den puritanisch-asketischen Normen und den faktisch befolgten Mustern, sondern ebensosehr zwischen den verschieden strengen Graden der von Männern, Frauen und Kindern erwarteten Normenbefolgung bestanden. Es wäre eine Illusion zu glauben, daß nach der eingetretenen Liberalisierung der Sexualmoral auf diesem Felde solche Doppelorientierungen ausgeräumt seien. Heute sind sie jedoch auf anderen Gebieten gravierender. Man denke an den nach wie vor bestehenden Unterschied in der Diskreditierung des aggressiven Verhaltens innerhalb der »eigenen« Gruppe und gegenüber definierten »Fremdgruppen«, an die Widersprüche zwischen Normen der Herrschaft und des Machtgewinns und Normen der gleichberechtigten Willensbildung, an die Diskrepanz zwischen Normen der Profitmaximierung und der sozialen Rücksichtnahme im Wirtschaftsgebaren, an den Widerstreit zwischen autoritären und nichtautoritären Erziehungsprinzipien.

Die im Laufe der ersten Nachkriegsjahrzehnte »vaterlos« oder unter stark doppelmoralisch orientierten Eltern aufgewachsene junge Generation ist für die Wahrnehmung solcher widersprüchlicher Wertorientierungen hochgradig sensibilisiert. Sie hat die starke Unsicherheit der Älteren in den unbefriedigenden Antworten auf ihre Fragen nach deren Vergangenheit und Selbstverständnis gespürt: die vielen tabuierten Komplexe, das unkoordinierte Nebeneinander von Wirtschaftsegoismus, demokratischen Grundsätzen und mancherlei Bodensätzen einer autoritären Führer-Volksgemeinschafts-Ideologie. Aktive Gruppen haben sich in den Auseinandersetzungen über aktuelle politische Skandalons, wie den Vietnam-Krieg, oder über das Verhältnis zwischen Kapitalismus und Sozialismus oder über Mißstände im Bildungs- und Universitätswesen aus der zuvor herrschenden »Ohne-mich«-Mentalität herausgearbeitet. In ihren vereinfachenden Interpretationen der lavierenden Doppelorientierungen des »Establishments« als »unaufrichtig« oder »heuchlerisch« lebt *auch* ein wiedergewonnenes politisch-moralisches Bewußtsein. Ich halte es für wenig aussichtsreich, wenn zur Überwindung der »psychosozialen Vergiftung« von seiten der Älteren mit Vorwürfen, Drohungen, gegenideologischen Empfehlungen und hektischen reformkanalisierenden Verwaltungsmaßnahmen geantwortet wird. Die Älteren sollten von sich aus in eine selbstkritische Bestandsaufnahme der Wertsituation eintreten. Sie müßten ihren eigenen Anteil an der im Gang befindlichen Umwertung der Werte einsehen lernen und bereit sein, nicht nur institutionsbefangen zu denken, um in eine tabufreie, mit rationalen Argumenten zu führende Diskussion über vergangene und künftige Präferenzen eintreten zu können.

Ausgehend von diesen diagnostischen Betrachtungen, möchte ich auf die Frage nach therapeutischen Vorschlägen antworten, indem ich das Augenmerk auf zwei Desiderata lenke, die mir für die Konstitution einer humaneren Lebensordnung und für die gemeinsame Bewältigung der großen Zukunftsaufgaben besonders wichtig scheinen.

Erstens müßte alles getan werden, um einen Minimalkanon von Normen sozialen Verhaltens und Erwartens zur allgemeinen Anerkennung und zur Durchsetzung im faktischen Handeln zu bringen. Ein solcher Minimalkanon ist, soweit ich sehe, nicht ganz dasselbe, was Herr Steinbuch unter einem »Minimalkonsens« als einem Minimum an »ideologischer Übereinstimmung« versteht. Diesen zu fordern, scheint mir angesichts der gegenwärtigen, durch ein pluralistisches Nebeneinander von lebenskräftigen Ideologien gekennzeichneten Gesellschaften nicht sehr realistisch. Ein Minimalkanon von Normen des gegenseitigen Umgangs müßte demgegenüber möglichst für Angehörige aller verschiedenen ideologischen Standpunkte akzeptabel sein. Dazu wäre aber nötig, daß er selbst nicht ideologisch – d. h. unter Berufung auf ein unbefragtes religiöses, metaphysisches, politisches, soziales Glaubenssystem – begründet oder gerechtfertigt würde, sondern auf Grund von rationaler Argumentation im Hinblick auf die Bedingungen und Erfordernisse der Weltsituation und unter Berücksichtigung etwaiger Konsequenzen anerkannt werden könnte.

Eine Reihe möglicher Inhalte eines solchen Minimalkanons sind von der Philosophie seit langem formuliert worden. Man denke an die Goldene Regel »Was du nicht willst, das man dir tu, das füg auch keinem andern zu«, die sich schon bei Konfuzius findet; an die Version von Kants »kategorischem Imperativ«, die besagt, daß jeder Mensch Anspruch darauf habe, als Zweck und nicht bloß als Mittel behandelt zu werden; an das Prinzip der Toleranz (Morus, Spinoza); an das Prinzip der gegenseitigen Hilfe (Kropotkin); an das Prinzip des gewaltlosen Austrags von Konflikten (de la Boëtie); an das Prinzip der Anerkennung des Glücksanspruchs jedes Mitmenschen (»Bill of rights«); an das formale Prinzip, daß derartige Grundnormen für alle Menschen ohne jede Ausnahme gültig sein sollen (Kant). Diese und andere Normen sind schon in Menschenrechtserklärungen und viele Verfassungen eingegangen. Sie werden gewiß auch von zahlreichen Menschen in abstracto anerkannt, so daß eine weltweite Befragungsaktion im Stile von Feinbergs »Projekt Prometheus« kaum nötig sein dürfte. Doch damit sind sie noch keineswegs wirklich durchgesetzt. Sie werden vielfach nicht bestimmend für das soziale Leben, weil ihnen andere, ebenfalls anerkannte Normen entgegenstehen. Zum Beispiel die Norm einer rücksichtslosen Verfolgung des individuellen und des Gruppenegoismus, die nur durch das Strafgesetz und einige, den Schein wahrende Regeln des äußeren Umgangs begrenzt ist. Ferner die Norm der Außerkraftsetzung von Kooperationsnormen gegenüber definierten »Fremden« oder »Feinden«. Man betrachte daraufhin die Erziehungspraxis in Familie und Schulwesen sowie die lebenslange normative Indoktrinierung der Menschen durch politische Propaganda (Aufbau von »Feindbildern«) und sozialdarwinistische Konkurrenzideologie in Wirtschaft und Arbeit. Man wird dann einsehen, daß auch ein allgemein anerkannter Minimalkanon sozialer Normen sich im faktischen Verhalten nicht zureichend auswirken kann, solange er nicht durch die Praxis der Erziehung und der alltäglichen Lebensdeutung dem Menschen so vermittelt wird, daß er nicht durch gleichzeitige Propagierung widersprechender Normen paralysiert wird.

Zweitens müßten – damit die Forderung nach Durchsetzung einer solchen Minimalmoral nicht utopistisch in der Luft hängt – die sozialen Institutionen auf allen Lebensgebieten in dem Sinne umstrukturiert werden, daß im Prinzip jeder mündige Mensch die Möglichkeit erhält, an Entscheidungen teilzuhaben, von denen seine Lebensführung betroffen wird. Institutionalisierte Autoritätsbeziehungen mit einseitigen Entscheidungs- und Herrschaftsprivilegien müßten zugunsten von Kooperationsstrukturen auf Gegenseitigkeit abgebaut werden. Das heißt nicht, daß es im menschlichen Zusammenleben das Phänomen der Autorität und ihrer freiwilligen Anerkennung nicht mehr geben solle. Es müßte nur institutionell sichergestellt sein, daß nicht durch »einsame Entschlüsse« von permanent privilegierten Autoritäten den Betroffenen jede reale Möglichkeit mitzubestimmen verbaut wird. Es muß für Menschen, die zum vollen Bewußtsein ihrer selbst gelangt sind, zutiefst demütigend und entwürdigend sein, durch weite Phasen oder gar ihr gesamtes Berufsleben hindurch ausschließlich auf Weisung oder unter dem Druck von prädeterminierten »Sachzwängen« (Fließband usw.) arbeiten zu müssen, ohne eine reelle Chance zu haben, Einfluß auf die übermächtigen »Verhältnisse« zu nehmen. Daß sie auf die Entfremdungsbestandteile moderner Arbeits-, Ausbildungs- und politischer Organisation immer wieder aufmerksam macht, ist eine im positiven Sinne beunruhigende Funktion der jugendlichen Protestbewegung.

Nur mit Hilfe der angedeuteten Wandlung der normativen Erziehung und einer konsequenten Umstrukturierung sozialer Institutionen im Sinne des Mitbestimmungsgedankens läßt sich auch, so scheint mir, langfristig die weit verbreitete »autoritäre« Charakterstruktur überwinden (Reich, Adorno), die die Menschen »freiheitsunfähig« und unduldsam macht und sie immer wieder den Ruf nach dem »starken Mann«, dem starken Staat und einer repressiven Aufrechterhaltung von »Ruhe und Ordnung« erheben läßt.

STAMMLER

Ich halte es für ein fragwürdiges Unternehmen, eine verbindliche Wertordnung durch eine ideologische Konstruktion produzieren und proklamieren zu wollen. Damit jedenfalls lassen sich die beunruhigenden Fragen und Zweifel der jungen Generation nicht überzeugend beantworten. Die Erfahrungen der Geschichte machen uns darauf aufmerksam, daß sich ein Gemeinwesen in der Regel nur dann an gemeinsamen Wertvorstellungen engagierte, wenn es harten Herausforderungen konfrontiert war, die seine Existenz bedrohten. In diesem Sinn hat der Begriff der Nation seine geschichtliche Kraft gewonnen und verpflichtende Ziele vor Augen gestellt. Für uns Deutsche jedoch – und nicht nur für uns – bietet sich unter den gegenwärtigen Voraussetzungen die Nation nicht mehr als der gemeinsame Nenner an, an dem sich ein solches Engagement orientieren könnte.

Zwar sahen wir uns nach dem Krieg in einer geradezu totalen Weise herausgefordert, um aus den Trümmern wieder ein neues Staatswesen und eine aktionsfähige Wirtschaft aufzubauen, aber diese Bemühungen waren fast durchweg nur vordergründig pragmatisch orientiert. Die damals tragende Generation war so reduziert, daß sie ihre Kräfte im materiellen Wiederaufbau erschöpfte. Sie versäumte es, das, was wieder aufgebaut wurde, durch größere Perspektiven zu begründen und durch weitgreifende Zielprojektionen zu rechtfertigen. Statt dessen verfiel sie weithin der Versuchung der Restauration, die an die Ideen des 19. und des beginnenden 20. Jahrhunderts noch anknüpfte und die darum in hohem Maß rückwärts gerichtet war.

Auch angesichts dessen werden die Protestaktionen der jungen Generation verständlich. Da ähnliche Tendenzen der Restauration auch in anderen Industrieländern zu beobachten waren, hat sich in der jungen Intelligenz ein weltweites Unbehagen breitgemacht, das sich dann schließlich in massive Widerstandsakte umsetzte. Diese Generation weigerte sich, das Erbe, das wir ihr übergeben wollten, unbesehen zu übernehmen, weil sie zumindest witterte – aber auch zu errechnen vermochte –, daß die von uns erbrachten und gerühmten Leistungen nicht in der Lage seien, für ihre Zukunft – etwa für das Jahr 2000 – tragfähige Lösungen und erstrebenswerte Lebensziele anzubieten.

So kommt es nun, daß – auch in der heutigen Diskussion – immer wieder mit Nachdruck nach dem konkreten Engagement gefragt wird, daß vor allem die junge Generation nach überzeugenden Programmen verlangt, die möglichst rasch und unmittelbar grundlegende Änderungen versprechen. Gewiß ist es wünschenswert und auch notwendig, daß von der Basis her Initiativen entwickelt werden, die Signale setzen, das Problembewußtsein mobilisieren und einen Prozeß des Umbruchs in Gang bringen. Letzten Endes aber kommt diese Aufgabe auf die Schicht derer zu, die in der Verantwortung stehen und die in der Lage sind, Weichen zu stellen.

Auch wenn mit dem notwendigen Umdenken zunächst ein geistiger Prozeß gemeint ist, fallen die eigentlichen Entscheidungen im politischen Bereich. Es ist eine politische Frage, welche Ziele gesetzt und wie sie verwirklicht werden, und es wird zum entscheidenden Problem der Politik, ob sie die Kraft und den Mut hat, jenen Herausforderungen gerecht zu werden, die aus den so bedrängenden Zukunftsprognosen auf uns zukommen. Während wir beobachten können, daß sich das politische Tagesgeschäft fast durchweg nur noch auf einen primitiven Pragmatismus beschränkt, sich auf die Fortschreibung des Bestehenden reduziert und nur mühsam Reparaturen und Reformen in die Wege leitet, bedarf es entscheidungskräftiger Autoritäten, die über den Tag – oder die nächste Wahl – hinauszudenken wagen. Damit hängt natürlich auch eine entsprechende Bewußtseinsbildung in der Gesellschaft zusammen, die derartige Weichenstellungen ermöglicht und sogar erwirkt.

In Anbetracht dessen enttäuscht mich die Stimmung der Resignation, die ich den Ausführungen von Professor Steinbuch entnahm. Ich höre hier zuviel Ressentiments heraus, die sich gegen die Elemente der Beunruhigung richten, und auch wenn er seinen Blick auf die Zukunft richtet, scheint sich damit ein ärgerliches Unbehagen zu verbinden, das sich in einer eigenartigen Verklärung traditioneller Positionen artikuliert. Demgegenüber meine ich, daß wir einigen Grund haben, gerade unsere Gegenwart als eine erregende Zeit des Übergangs zu erfahren, als eine Ära des Umbruchs, in der zwei Zeitalter aufeinanderprallen und sich noch überlagern. Darum kommt es jetzt darauf an, daß wir keine kurzschlüssigen Lösungen und nur kurzatmige Empfindungen hervorbringen, sondern daß wir eine politische Strategie entwickeln, die den Übergang in neue Gesellschaftsstrukturen wagt.

Dabei wird dann nicht nur die Freiheit des einzelnen das Hauptthema sein dürfen, sondern härter und unerbittlicher wird sich die Frage nach der Gerechtigkeit in den Vordergrund spielen. Das ist es auch, was aus den beunruhigenden Anfragen und Protesten der jungen Generation herauszuhören ist. Auch wenn es oft noch so ungebärdig und unrealistisch artikuliert wird, dürfte damit doch eine Realität gemeint sein, deren Herausforderung gerade auch wir als Angehörige der älteren Generation uns zu stellen haben.

MAIHOFER

In den wiederholten Analysen und Interpretationen der historischen Situation 1972, wie sie Karl Steinbuch in seinen Briefen an den Bundeskanzler Willy Brandt vom 31. Januar 1972 und vom 10. Mai 1972 in die deutsche Öffentlichkeit getragen und im vorstehenden Vortrag über »Die humane Gesellschaft jenseits von Kapitalismus und Kommunismus«

zusammengefaßt hat, wird die politische These aufgestellt, daß wir uns im Jahre 1972 in einer dem Jahre 1930 unmittelbar vor der Machtergreifung durch die Nationalsozialisten vergleichbaren historischen Situation befinden. Er behauptet: »Unser politisches System – so wie es vom Grundgesetz bestimmt ist – hat zwar vordergründig eine sichere parlamentarische Mehrheit, es wird aber hintergründig ideologisch so ausgehöhlt, daß es wahrscheinlich in einer Krisensituation wie ein Kartenhaus zusammenbricht« (Brief vom 31. Januar 1972).

Steinbuch bekräftigt diese mit großem Ernst vorgetragene These, daß wir erneut unbemerkt und unbekümmert vor einem Abgrund drohenden Unheils stehen, auch gegenüber der Versicherung Willy Brandts: »Unser parlamentarisches System hat sich seit 1949 durchaus als krisenfest erwiesen. Es würde auch schwereren Krisen gewachsen sein, als sie uns nach menschlichem Ermessen bevorstehen können«, mit dem Argument: »Im Jahre 1930 hätte ein Reichskanzler auch sagen können: Unser System hat jeden Umsturzversuch überstanden! Ich glaube nicht, daß die ideologische Potenz der Nazis im Jahre 1930 so stark war wie heute die der Linksextremisten, ich glaube auch nicht, daß die Abwehrkräfte heute stärker sind als im Jahre 1930« (Brief vom 10. Mai 1972). Und noch im letzten Vortrag heißt es, in der Sprache zwar bedächtiger, in der Sache jedoch unbeeindruckt von allen Einsprüchen gegen eine solche historische Parallele der Zeit um 1930 vor der Machtergreifung durch die Nationalsozialisten zu der Zeit um 1972 vor einer Machtergreifung durch Radikalsozialisten der »neuen Linken«: »Selbstverständlich gibt es keine zwei identischen historischen Situationen, und wer sagt, die zwei Situationen unterscheiden sich, der hat immer recht. Man steigt schließlich nie zweimal in denselben Fluß. Die wesentliche Frage ist aber, ob die sozialpsychologischen Situationen 1930 und 1972 einander ähnlich sind.« Er faßt auch hier seine politische Diagnose der akuten Krankheitssymptome unseres westdeutschen Gesellschaftssystems in die düstere Befürchtung zusammen: »Ob wir vor einer Machtübernahme durch eine radikale Bewegung stehen, weiß ich nicht. Ich halte aber die Möglichkeit für gegeben: Die ideologische Potenz der Systemzerstörer ist heute nicht kleiner als die der Nazis im Jahre 1930, und die Abwehrkräfte sind nicht stärker. Die Frage ist, ob dieses politische System in innere oder äußere Krisen gerät oder nicht. Im Krisenfall – so fürchte ich – hat dieses System wenig Widerstandskraft, es ist intellektuell zum Umsturz vorbereitet.«

Steinbuch sieht diese hier beschworene Gefahr: eines drohenden »Umsturzes« und der bevorstehenden »Machtergreifung« in einer künftigen »inneren oder äußeren Krise« durch diesmal nicht rechte, sondern linke »Systemzerstörer«, in dem begründet, was er die »psychosoziale Vergiftung« unserer Gesellschaft nennt.

Diese »geistige Vergiftung unserer Gesellschaft« durch »obskure Zukunftsvisionen« ohne »Realitätsbezug« habe nach Steinbuch zu einer zweifachen »ideologischen Aushöhlung« unseres Staates geführt. Einmal: durch die »unheilvolle ideologische Verführung des großen Teils unserer Jugend«, in deren Köpfen sozialromantische Utopien von einem »wahren Paradies auf Erden« spuken, aus der die »Nichtidentifikation eines großen Teils unserer Jugend mit diesem Staat« folgen soll. Zum andern: durch die ebenso unheilvolle ideologische Lähmung der Repräsentanten der Autorität dieses Staates: »Selbst bei denen, deren Amt es ist, die Grundsätze rechtsstaatlicher Ordnung zu verteidigen, wird diese Verteidigung immer zaghafter, halbherziger und weniger überzeugend.«

Fürwahr insgesamt eine ernüchternde und niederdrückende politische Diagnose und Prognose, deren persönliche Ernsthaftigkeit man schwerlich wird bestreiten wollen, bei deren Nachvollzug jedoch selbst dem aus Grundsatz eher zu politischer Hypochondrie neigenden liberalen Skeptiker ständig die ungeduldige Frage sich vordrängt, ob denn hier von demselben Lande die Rede ist, in dem er selbst alltäglich lebt.

Auch wenn man einem öffentlichen Mahner erhebliche Vergröberungen zugesteht bei dem wohlgemeinten Versuch, einer vermeintlich arglos und traumverloren an Abgründen dahinwandelnden Gesellschaft die Augen zu öffnen, mit einem kräftigen Wort und notfalls mit wilden Schreien rechtzeitig vor dem angeblich drohenden Absturz wachzurütteln;

auch wenn man weiterhin einräumt, daß es tatsächlich Einzelerscheinungen gibt, die bei flüchtiger Beschauung und vorschneller Verallgemeinerung in einem besorgten Zeitgenossen durchaus den Anschein und Eindruck des von Steinbuch beschriebenen Gesamtzustandes unserer Bundesrepublik erwecken könnten: das pauschale Fazit, wir stünden im Jahre 1972 in der einer 1930 vergleichbaren Gefahr des drohenden »Umsturzes« unseres gesamten Gesellschaftssystems durch »Systemzerstörer« und der bevorstehenden »Machtergreifung« durch Radikalsozialisten von links, so wie damals durch Nationalsozialisten von Rechts, wird man, bei allem Respekt für den Autor, solche nachtschwarzen Untergangsträume an hellem Tage für eine »schreckliche Vereinfachung« erklären müssen.

Eine solche politische Diagnose der roten Flecken in unserer politischen Landschaft, vor allem unter der Jeunesse dorée unseres Besitzbürgertums an den Hochschulen: als akute Symptome einer latenten Krise unserer westdeutschen Gesellschaft, die in einem Roten Umsturz enden wird (so wie damals in einem Braunen), erscheint mir vergleichsweise ebensowenig hilfreich und für den Patienten heilsam, wie es – um in dem auch von Steinbuch gewählten Bilde von Vergiftung und Krankheit zu bleiben – die medizinische Diagnose tatsächlich vorhandener »Röteln« als »Scharlach« wäre.

Karl Steinbuch wird sich darum schon in Hinsicht auf diese Ausdeutungen der Vordergründe unserer politischen Szenerie den Vorwurf gefallen lassen müssen, daß er – bei aller oberflächlichen Ähnlichkeit der Erscheinungen, etwa des sozialromantischen Pathos oder bestimmter brutaler Taktiken auf der extremen Rechten und Linken damals und heute – doch die grundlegenden Unterschiede der historischen Situationen 1930 und 1972 übersieht und verkennt, von denen ich nur drei mir besonders wesentlich erscheinende herausgreifen möchte:

1. Zu der These: Die ideologische Potenz der Systemzerstörer unter den Linksextremisten sei heute 1972 nicht kleiner als die der Nazis damals im Jahre 1930:
– damals gibt es eine zahlenmäßig mächtige Bewegung des disziplinierten Rechtsextremismus, getragen von starken

Gruppen unzufriedenen Kleinbürgertums bis in die Mittelschichten hinein, deren harter Kern sich in einer aktivistischen Parteiorganisation sammelt, die auf die quasilegale Machtergreifung in einem totalitären Staat hinarbeitet;
– heute gibt es einen in zahlenmäßig schwache Gruppen zersplitterten, in sich zerspaltenen und zerstrittenen, hier orthodoxen, dort sektiererischen, hier disziplinierten, dort aktionistischen Linksextremismus der Alten und Neuen Linken; der auf der einen Seite der Alten Linken getragen ist von einer kleinen Zahl überzeugter Klassenkämpfer vor allem aus den älteren Unterschichten, die, in einer orthodoxen Parteiorganisation zusammengehalten, nach ihrem öffentlichen Bekenntnis die legale Machtergreifung auf dem Boden des Grundgesetzes anstreben; der auf der anderen Seite der Neuen Linken, die Steinbuch offenbar vor allem vor Augen hat, getragen ist von kleinsten Grüppchen vor allem aus den jüngeren Oberschichten, die auf die pseudorevolutionäre Machtaufhebung in einer anarchischen, »herrschaftsfreien« Gesellschaft hinstreben.

2. Zu der These: Die ideologische Aushöhlung unseres Gesellschaftssystems durch die Systemzerstörer von Links sei schon so weit fortgeschritten, das System intellektuell so weit zum Umsturz vorbereitet, daß die Abwehrkräfte unserer Bevölkerung heute wie damals nicht stark genug seien, um einen wahrscheinlichen Zusammenbruch in einer künftigen Krisensituation (wie ein Kartenhaus) wirksam zu verhindern:
– damals bestand eine zunehmende Aufgeschlossenheit der breiten Bevölkerung für die Rechte Revolution der Nationalsozialisten, deren nationalistische, völkische, rassenkämpferische, berufsständische, führerstaatliche usw. Ideen in weiten Bevölkerungsteilen auf einen bereits durch die damals »staatstragenden Parteien« weithin nationalistischer und reaktionärer Tendenz auf der gesamten Rechten für diese Revolution des »starken Mannes« von Oben vorbereiteten Boden fielen;
– heute besteht eine wachsende Abwehrhaltung der breiten Bevölkerung gegen jede Linke Revolution von Radikalsozialisten, deren radikalistische, räteromantische, klas

senkämpferische, zentralverwaltungswirtschaftliche, volksdemokratische usw. Ideen auf allgemeine Ablehnung stoßen; ja, deren Reden von Diktatur des Proletariats, von Sozialisierung der Produktionsmittel, von Abschaffung des Privateigentums an Grund und Boden usw. nach den vergleichsweisen Erfahrungen mit dem unter solchen Vorzeichen in benachbarten Ländern etablierten Sozialismus selbst den »einfachen Mann« auf der Straße auf die demokratische Barrikade treiben; wie die allergischen Reaktionen schon auf demgegenüber harmlose Forderungen des linken Flügels etwa der Sozialdemokraten und Jusos zeigen;

3. Zu der These: Die ideologische Lähmung der Widerstandskraft gegen die Systemzerstörer von Links sei auch bei den Trägern der Staatsgewalt schon so weit fortgeschritten, daß die Grundsätze rechtsstaatlicher Ordnung nur mehr halbherzig verteidigt würden, weshalb auch in diesem Bereich des Staates und nicht nur dem der Gesellschaft die Abwehrkräfte heute nicht stärker seien gegen einen Umsturz von Links wie damals gegen eine Machtergreifung von Rechts:

– damals herrschte in weiten Teilen des Staatsapparats der Exekutive wie der Justiz eine grundsätzliche Ablehnung der Weimarer Republik durch die Träger dieses Staates selbst vor, bis hin zu seiner Verfassung, ja selbst zu seiner Fahne, und zugleich eine nicht minder eindeutige Aufgeschlossenheit dieser Träger der Staatsgewalten für eben die nationalistischen, völkischen, ja selbst rassenkämpferischen und führerstaatlichen Ideen der Nationalsozialisten, in denen diese Revolution von Oben und von Rechts geistig vorbereitet wurde; die Beamtenschaft des Weimarer Staates stand weit Rechts, die Justiz des Weimarer Staates führte den Kampf um die Verteidigung der demokratischen Errungenschaften dieses Staates in einer geschichtsblinden Verkennung der wahren Gefahr bis zuletzt fast ausnahmslos nach Links, wie uns die traurige Justizgeschichte der Weimarer Republik jener Jahre um 1930 auf Schritt und Tritt belehrt; im Jahre 1972 dagegen zeigt sich ein vollkommen anderes Bild:

– heute herrscht in weiten Teilen des Staatsapparats der Exekutive wie der Justiz eine ebenso grundsätzliche Bejahung der Bonner Bundesrepublik durch die Träger dieses Staates vor; und zugleich eine nicht minder eindeutige Ablehnung eben der radikalistischen, räteromantischen oder gar klassenkämpferischen und volksdemokratischen Ideen, in denen diese Revolution von Unten und von Links geistig vorbereitet werden soll; wenn überhaupt irgendwo anders als einfach auf dem »Boden des Grundgesetzes«, dann steht auch die Beamtenschaft des Bonner Staates noch immer weitgehend Rechts von der Mitte; ebenso führt die Justiz den Kampf um die Verteidigung der demokratischen Errungenschaften dieser Bonner Republik bestenfalls zu forsch, aber nicht zu lasch, nach wie vor bevorzugt in die Richtung der Radikalsozialisten der Alten und Neuen Linken, aus der hier nach Steinbuchs Deutung der historischen Situation doch eben die Gefahr einer revolutionären ideologischen Aushöhlung und Zerstörung dieser unserer freiheitlichen rechtsstaatlichen und sozialstaatlichen Demokratie kommen soll.

Wenn es darum überhaupt latente antidemokratische Tendenzen in breiten Kreisen unserer Bevölkerung und im größeren Teil unserer Staatsträger geben sollte, die in einer künftigen äußeren oder inneren Krise akut und virulent werden könnten, dann nach wie vor nicht revolutionäre sozialistische Tendenzen nach Links, sondern nach wie vor eher reaktionäre und autoritäre Tendenzen nach Rechts, wie alle Meinungsumfragen und Eliteenqueten der vergangenen Jahre überdeutlich machen.

Denn wie sollen wir es anders verstehen und deuten, wenn noch auf dem Höhepunkt der Apo-Krise 1968, die wir als die erste große innere Krise dieses jungen Staates erlebt und empfunden haben, in einer vergleichenden Befragung von Erwachsenen, Jugendlichen und speziell Studenten auf die Frage, mit der unsere ganze parlamentarische Demokratie mit ihrem Widerspiel und Zusammenspiel von Regierung und Opposition steht und fällt: »Was meinen Sie? Wir sollten wieder eine einzige starke Partei haben, die wirklich die Interessen aller Schichten unseres Volkes vertritt«, 39 Prozent der Erwachsenen vorbehaltlos Ja sagt und nicht weniger als 35 Prozent der Jugendlichen, gegenüber bloßen 5 Prozent der Studenten.

Aber nicht nur für einen Einparteienstaat sprach sich in jener prekären Situation 1968 über ein Drittel unserer erwachsenen Bevölkerung aus, sondern selbst für einen Führerstaat. Sie sagte mit einem Viertel Ja zu der in ihrem Vergangenheitsbezug ganz eindeutigen Frage: »Wir sollten, wie es früher war, wieder eine Führerpersönlichkeit haben, die Deutschland zum Wohle aller regiert«; Ja sagten dazu auch noch 14 Prozent unserer Jugendlichen, gegenüber bloßen 5 Prozent der Studenten auch hier.

Lassen wir uns deshalb nicht zu vorschneller Verallgemeinerung der teilnehmenden Beobachtungen im eigenen Erfahrungsfeld verführen, im besonderen der auf dem Felde der Hochschulen aus persönlichem Betroffensein gemachten; und lassen wir uns nicht den Blick verengen auf das Ganze unserer Gesellschaft durch die in den vergangenen Monaten unternommenen brutalen Aktionen einer Handvoll terroristischer Anarchisten: dann kommen wir nach diesen Befunden zu einem den Analysen und Interpretationen Karl Steinbuchs genau entgegengesetzten Fazit.

Es besteht keine der revolutionären Situation 1930 vor dem Umsturz von Rechts vergleichbare revolutionäre Situation 1972 für einen Umsturz von Links. Gerade daß diese mit keiner Agitation und Provokation herbeizureden war, war der Grund für den Übergang einiger politischer Desperados dazu, sie herbeizubomben in »bewaffnetem Kampf«. Für linksextremistische Aktivitäten von Radikalsozialisten aller Spielarten, die auf einen Umsturz unseres Gesellschaftssystems abzielen, besteht heute 1972 im Gegensatz zu den rechtsextremistischen Aktivitäten der Nationalsozialisten damals 1930 keinerlei Basis und Resonanz in den Massen unserer Bevölkerung oder unter den Trägern der Staatsgewalt. Es ist im Gegenteil eine zunehmende politische Immunität, wenn nicht Allergie breitester Kreise unserer Bevölkerung und größter Teile unseres Staatsapparates gegenüber den politischen Parolen und extremen Aktivitäten der kleinen Minderheit radikaler Sozialisten in unserer Gesellschaft festzustellen, die unter roten Fahnen auf unseren Straßen, ob als Leninisten oder Trotzkisten, als Maoisten oder einfach als Kommunisten, geradezu zum neuen Bürgerschreck, ja zum Genossenschreck selbst für demokratische Sozialisten und Sozialdemokraten in unserem Lande geworden sind.

Im Gegensatz zu Karl Steinbuch liegt so für uns eine allenfalls bestehende Labilität oder doch Instabilität unseres Gesellschaftssystems und damit drohende Gefahr des Umsturzes in einer künftigen äußeren oder inneren Krise nach wie vor in den ihm verbliebenen politischen Relikten »vorkonstitutionellen Bewußtseins«, wie es in der beobachteten politischen Affinität breiter Bevölkerungskreise gegenüber rechtskonservativen, ja rechtsreaktionären Tendenzen nachwirkt.

Bei aller gebotenen Wachsamkeit und doch zugleich unbeirrbaren Rechtsstaatlichkeit gegenüber terroristischen Aktivitäten der kleinen, aber gefährlichen Grüppchen auf der äußersten Linken, in der wir uns mit Karl Steinbuch einig wissen – der mögliche wirkliche Feind dieses Gesellschaftssystems, der allein in einer akuten Krise die reale Chance haben könnte, Resonanz und Basis in der größeren Masse unserer Bevölkerung zu gewinnen, steht nach wie vor Rechts!

Wir könnten danach die entgegengesetzten Diagnosen und Prognosen Karl Steinbuchs als persönliche Bekenntnisse aus lauteren Absichten auf sich beruhen und für sich selbst zeugen lassen. Doch liegt in diesen eindringlichen Beschwörungen fälschlicher Gefahren selbst eine erhebliche Gefahr. Nicht nur die Gefahr der Fixierung der politischen Perspektive auf angebliche Gefahrenpunkte in falscher Richtung, worüber die wirklichen Bedrohungen unserer Gesellschaft in einer kritischen Situation leicht aus dem Blick geraten können, sondern zugleich auch die Gefahr einer Paralysierung der politischen Reformen, die allein die Lebensfähigkeit und Glaubwürdigkeit dieser unserer freiheitlichen Gesellschaftsordnung und Staatsverfassung auch in Zukunft, über alle äußeren und inneren Krisen hinweg, sichern können. Wer aus Angst vor Systemzerstörern oder doch Systemveränderern in einen Maginotkomplex der völligen Unbeweglichkeit verfällt und am Ende überhaupt nicht mehr selbst agiert, sondern nur noch reagiert, bringt sich aus Angst vor dem Feinde selbst um.

Wenn es heute an der einen oder anderen unserer Hochschulen so trostlos bedrückend aussieht, dann nicht zuletzt auch aus dieser Haltung auf der Seite nicht weniger Hochschullehrer: keinen Fußbreit Boden mehr aufzugeben, selbst wider die eigene bessere sachliche Einsicht, es sei denn unter überlegenem Druck oder nach unerträglichem Krach. Dies führt am Ende zu einer Politik bloßer Reaktion, die nur noch darauf aus ist, die Initiative anderer zu durchkreuzen, zu vereiteln oder jedenfalls aufzufangen; und zugleich dazu, daß man am Ende selbst hinter rigide Positionen sich verschanzt, damit dem anderen jegliche Initiative überläßt und selbst verliert.

Dieselbe Gefahr, daß wir durch überzeichnete Bedrohungen und übertriebene Verängstigungen vor Systemzerstörern und Systemveränderern in Bewegungsunfähigkeit erstarren, anstatt umgekehrt solchen Besorgnissen dadurch zu begegnen, daß wir die Initiative zu den als notwendig und vernünftig erkannten Reformen um so entschlossener an uns reißen, scheint mir auch von Steinbuchs öffentlicher Klage zu befürchten, wie der auffällige, wenn auch ungebetene Beifall aus genau der falschen Richtung derer zeigt, die am liebsten alles beim alten ließen.

Eine noch bedenklichere Wirkung der von Steinbuch öffentlich erhobenen Anklage scheint mir darin zu liegen, daß sie den Blick auf bestimmte vermeintliche Gegner oder Feinde fixiert: auf »die« Systemzerstörer, »die« Linksextremisten, und so die Sicht auf den historischen Vordergrund der Erscheinungen in unserer politischen Landschaft borniert, die ohne die Analyse und Interpretation des welthistorischen Hintergrundes überhaupt nicht richtig gesehen und gedeutet werden können in dem, was sie für uns bedeuten und von uns fordern.

Ich will in dem hier gesteckten Rahmen drei der die welthistorische Situation unserer Epoche der Moderne kennzeichnenden Entwicklungen in der Form von Thesen herausheben, die als wahre »Krisis« unserer Zeit die eigentlichen Ursachen jener von Steinbuch geschilderten Symptome der (wie er meint) Instabilität unseres heutigen Gesellschaftssystems sind:

1. These: Die historische Situation unserer Epoche der Moderne ist zu kennzeichnen als Zeitalter gesellschaftswissenschaftlicher Aufklärung.

Wir stehen heute an der Schwelle einer um 1850 anhebenden neuen Epoche, die wir im Unterschied zu Antike, Mittelalter und Neuzeit die der Moderne nennen. Mit ihr hebt ein Zeitalter nicht mehr nur naturwissenschaftlicher, sondern gesellschaftswissenschaftlicher Aufklärung an, für die das Heraufkommen von sogenannten Sozialwissenschaften wie der Soziologie, der Politologie, aber auch die Ausweitung der alten Ökonomie und jetzt auch der Jurisprudenz zur Wirklichkeitswissenschaft bezeichnend ist.

Diese gesellschaftswissenschaftliche Aufklärung, wie sie in der Religionskritik vor der Mitte des 19. Jahrhunderts einsetzt und danach in der Sozialkritik und zuletzt Ideologiekritik sich fortsetzt, hat eine »Umwertung aller Werte« zur Folge, die zu einem Umbruch nicht nur der Sexualmoral, sondern der Moral überhaupt und damit beispielhaft auch der sogenannten weltanschaulich umstrittenen Straftatbestände führt.

Zweitausend Jahre lang galten Gotteslästerung und Ehebruch, Homosexualität und Sodomie usw. als nicht nur moralisch, sondern kriminell verpöntes Verhalten. In noch nicht einem Jahrzehnt brechen auch in unserem Lande diese weltanschaulichen Wertungen in sich zusammen. An die Stelle des bisherigen Vergeltungsstrafrechts des Übel für Übel, das noch vor einem Jahrzehnt auch bei uns in unangefochtener Geltung stand, tritt über Nacht ein neues Resozialisierungsstrafrecht, an das bisher nur einige belächelte Außenseiter einen Gedanken gewagt hatten. Was Wunder, daß von solchen Umbrüchen im weltgeschichtlichen Hintergrund unserer Zeit Verschiebungen, ja Verwerfungen der moralischen Horizonte auch zwischen den Generationen ausgehen, die, als seismographische Beben gleichsam, unsere gesamte soziale und politische Landschaft bis heute erschüttern.

Wollen wir darum recht verstehen, was eigentlich in scheinbar so vordergründigen Auseinandersetzungen um Verschuldens- oder Zerrüttungsprinzip bei der Ehescheidung, um Fristen- oder Indikationenlösung bei der Schwangerschaftsunterbrechung im Grunde vor sich geht, auf dem Spiele steht und an menschlicheren Lösungen in Frage steht, dann müssen wir diese im Zusammenhang einer weltweiten, Nord und Süd, Ost und West gleicherweise umfassenden Entwicklung sehen, die wir hier gesellschaftswissenschaftliche Aufklärung nennen.

2. These: Die historische Situation unserer Epoche der Moderne ist zu kennzeichnen als Zeitalter der Demokratisierung und Liberalisierung von Staat und Gesellschaft.

Mit den demokratischen Revolutionen in Amerika und Frankreich setzt in der Epoche der Moderne eine Demokratisierung und Liberalisierung des Staates ein, die zur Verwandlung des früheren unfreiheitlichen Obrigkeitsstaates in den freiheitlichen Rechtsstaat führen. Grundrechtsverbürgungen, Minderheitenschutz, Gewaltenteilung, aber auch Rechtsbindung aller Staatsgewalt sind die demokratischen und liberalen Errungenschaften dieser ersten Phase der demokratischen Revolutionen, deren Entwicklungen bis in die Mitte unseres 20. Jahrhunderts fortgehen. Damit verbindet sich von Anfang dieses Jahrhunderts an immer stärker eine zweite darüber hinausdrängende Entwicklung einer Demokratisierung und Liberalisierung der Gesellschaft.

Stehen im Mittelpunkt der Demokratisierung des Staates die individualen Freiheitsrechte und Menschenrechte und politischen Teilhaberechte und Mitbestimmungsrechte (wie das Wahlrecht), so treten mit der Demokratisierung nun auch der Gesellschaft dazu nun Forderungen nach gesellschaftlicher Erfüllung der gesetzlich gesicherten Freiheitsrechte und Menschenrechte (wie etwa des Rechts auf Leben und Gesundheit durch entsprechende Verkehrsverhältnisse, aber auch Umweltverhältnisse) und zugleich von sozialen Teilhaberechten (wie das sog. Bürgerrecht auf Bildung) und sozialen Mitbestimmungsrechten, nicht mehr nur an der verfassungsmäßigen Organisation des Staates, sondern auch in der arbeitsteiligen Organisation der Gesellschaft.

Auch hier geht es nicht, wie man bei einer vordergründigen Betrachtung der Auseinandersetzungen etwa um die allgemeine familienunabhängige Ausbildungsförderung oder um betriebliche oder unternehmerische Mitbestimmung der Arbeitnehmer annehmen könnte, um spezielle Probleme unserer historischen Situation. Lassen wir uns nicht von dem Vordergrund der Erscheinungen gefangennehmen, dann müssen wir erkennen, daß die Fragen, um deren Lösung hier gerungen wird, sich auch hier weltweit, unter zwar verschiedenen ideologischen Vorzeichen und mit gewissen historischen »Ungleichzeitigkeiten des Fortschritts«, stellen.

Auch in solcher Demokratisierung der Gesellschaft sind ebenso wie im Fortgang gesellschaftswissenschaftlicher Aufklärung somit weitreichende und umstürzende Veränderungen der gesellschaftlichen Verhältnisse und des sie tragenden gesellschaftlichen Bewußtseins im Gange, die permanente Reformen aus klarer Einsicht und vollem Durchblick durch die hier im Grunde um uns und in uns sich vollziehenden Verwandlungen des überkommenen unfreiheitlichen Ständestaates (oder gar Klassenstaates) in einen freiheitlichen Sozialstaat voraussetzen.

Dabei stehen wir in entscheidenden Hinsichten noch ganz am Anfang allein der theoretischen Durchdringung, ganz zu schweigen von der praktischen Bewältigung des hier, nicht minder als zuvor bei der Demokratisierung und Liberalisierung des Staates, auch bei der Demokratisierung und Liberalisierung der Gesellschaft geforderten Jahrhundertwerkes.

Viele der Fehlentwicklungen etwa, deren schmerzliche Folgen für die Leistungsfähigkeit und zugleich Menschlichkeit des Wissenschaftsbetriebes an unseren Hochschulen wir heute beobachten können, haben in einer durch die jahrzehntelange Verschleppung verursachten Überstürzung der überfälligen Reformen nach pragmatischen Rezepturen ihren Grund, ohne daß hier bis heute auch nur Klarheit, geschweige denn Einigkeit unter den Beteiligten und Betroffenen erreicht worden wäre, um was es bei solcher Demokratisierung und Liberalisierung der Hochschulen überhaupt geht: nicht um die Übertragung der Prämissen egalitärer Demokratie, die von der Gleichheit der Person aller Beteiligten ausgeht, sondern um die Entwicklung der Konzeption funktionaler Demokratie, die ebenso bei der Gleichheit wie Ungleichheit der Funktionen aller Beteiligten in dem hier zu regelnden und zu ordnenden Verhältnis der Arbeitsteilung in Forschung, Lehre und Studium anzusetzen hat.

Was Wunder, daß wir auch mit diesen neuartigen und unerhörten Aufgaben, für die es kein geschichtliches Vorbild gibt, von dem man bewährte Lösungen ablesen und auf unsere Zeit übertragen könnte, vor Problemen stehen, deren Lösung früher oder später keiner der in dieser weltweiten Entwicklung stehenden Gesellschaften erspart bleiben wird und die nur durch ebenso bedächtige wie entschlossene, ebenso behutsame wie beharrliche Reformen von Generationen, Schritt für Schritt, in allen Bereichen unseres Gesellschaftssystems überhaupt geleistet werden kann.

3. These: Die historische Situation unserer Epoche der Moderne ist gekennzeichnet durch den Übergang vom Zeitalter des Kapitalismus in das des Industrialismus

Die Epoche der Moderne ist zu ihrem Beginn ein Zeitalter des durch die Amerikanische und Französische Revolution vorbereiteten und eingeleiteten Übergangs vom Feudalismus zum Kapitalismus. Liegt in der Periode des Feudalismus die ökonomische, aber auch die soziale und politische Initiativfunktion für die Entwicklung des damaligen Wirtschafts-, Gesellschafts-, Rechts- und Staatssystems beim Grundbesitz (Feudalbesitz), so geht diese Funktion mit Bauernbefreiung und Gewerbebefreiung aus ständischer Hörigkeit und zünftischer Bevormundung in der darauffolgenden Periode vom Grundbesitz auf den Geldbesitz (Kapitalbesitz) über; auch hier mit allen nach und nach etwa in der Ablösung des früheren Dreiklassenwahlrechts zu beobachtenden Konsequenzen. Nicht nur im westlichen Kapitalismus (Privatkapitalismus), sondern ebenso auch im östlichen Kommunismus (Staatskapitalismus) bereitet sich in der nachfolgenden Periode, an deren Schwelle wir heute angelangt sind, eine zunächst ebenso unmerkliche und stillschweigende neuerliche Verlagerung dieser bisher vorherrschenden Initiativfunktion des Privatkapitals (wie dort des Staatskapitals) auf einen Faktor vor, für den wir bisher nur verlegene Bezeichnungen haben: wie Wissensbesitz (Intelligenzbesitz, aber auch »Geistbesitz«); ebenso wie wir auch für diese dem Kapitalismus folgende Periode noch keinen allgemein eingeführten Namen haben. Wir wollen sie hier die des Industrialismus nennen. Sie ist gekennzeichnet durch den Übergang der entscheidenden Initiativfunktionen in den Großorganisationen unserer heutigen Industriegesellschaften vom sogenannten Faktor Kapital nicht etwa auf den Faktor Arbeit, wie dies in sozialistischer Perspektive in Ost und West zunächst erscheinen konnte. Selbst bei weitestgehender nicht nur betrieblicher, sondern unternehmerischer Mitbestimmung der Arbeitnehmer fällt Hier wie Dort doch die Initiativfunktion für die wirtschaftlichen Entscheidungen einem Faktor zu, der weder zur Seite des Kapitals noch zur Seite der Arbeit zu rechnen ist, sondern der eben deren Vermittlung bei der betrieblichen und unternehmerischen Disposition über beide Faktoren zu leisten hat, und den wir darum mit einer auch hier noch ganz vorläufigen Bezeichnung den Faktor Disposition nennen.

An ihm zeigt sich beispielhaft, daß, anders als in der Gründerzeit des Kapitalismus, in der der Status des Kapitalbesitzes mit der Funktion des Unternehmers (Arbeitgebers) regelmäßig zusammenfällt, heute, zumindest von bestimmten Größenordnungen der Industrieorganisationen an, die Vermögensberechtigung oder Bezugsberechtigung, die der Kapitalbesitz gibt, von der Verfügungsberechtigung oder Aktionsberechtigung, die er als Eigentum an Produktionsmitteln zugleich verleiht, getrennt und auf verschiedene Personen übertragen werden muß, um eine optimale ökonomische und humane Unternehmensorganisation zu gewährleisten. So wie hier beim Übergang der Unternehmerfunktion vom Faktor Kapital auf den Faktor Disposition (die leitenden Angestellten oder das sog. Management), stellen wir in der gesamten ökonomischen, sozialen, juristischen und politischen Struktur der modernen Industriegesellschaften und Massen einen Übergang der Initiativfunktion in den arbeitsteiligen Verhältnissen unserer Wirtschaft und Gesellschaft überhaupt (ja selbst in der verfassungsmäßigen Organisation des Staates) auf die gelegentlich auch als »Technostruktur« bezeichnete technische, ökonomische, juristische, pädagogische, literarische, publizistische usw. Intelligenz fest, der in der heraufkommenden Bildungsgesellschaft (und zugleich Freizeitgesellschaft) immer maßgebendere und gewichtigere Funktionen der Initiative, ja selbst die Kontrolle in Staat und Recht, Wirtschaft und Gesellschaft zufallen.

Auch diese zuletzt umschriebene weltweite Entwicklung der heutigen fortgeschritteneren Industriestaaten und Massendemokratien wirft in allen diesen Gesellschaftssystemen in West und Ost epochale Probleme auf, deren Lösungen an die Grundlagen der jeweiligen Produktionsverhältnisse rühren und die in ihrer vollen und letzten Konsequenz bisher nirgendwo auch nur vorgedacht, geschweige denn verwirklicht worden sind.

Stimmt diese hier in drei knappen Strichen vorgetragene Diagnose und Prognose der welthistorischen Situation, in der wir heute im Jahre 1972 stehen, auch nur in ersten Annäherungen, dann werden wir bei der Suche nach einem Dritten Weg jenseits von Kapitalismus und Kommunismus unseren Blick zunächst verstärkt auf grundsätzlichere und längerfristige Fragestellungen zu richten haben, als sie heute im Vordergrund der politischen Szene, die Steinbuch beleuchtet, sich stellen. Dabei werden wir uns im besonderen vor vereinfachenden Deutungen wie der hüten müssen, die »Krise« unserer Gesellschaft und ihre »Instabilität« einfach als eine Machenschaft oder gar Verschwörung gewisser Personen oder Organisationen erklären zu wollen, heißen sie nun Linksextremisten, Systemzerstörer oder wie immer. Sind doch selbst diese Ausfallserscheinungen des Extremismus am Rande unserer Gesellschaft, die Karl Steinbuch in die Mitte seiner Analysen und Interpretationen unserer historischen Situation 1972 rücken will, selbst nur Symptome der im weltgeschichtlichen Hintergrund unserer Zeit sich ereignenden geistigen Verwandlungen und Umbrüche: hin zu einer künftigen weltbürgerlichen, klassenlosen Gesellschaft jenseits von Kapitalismus und Kommunismus im Zeitalter des heraufkommenden Industrialismus.

Ich bedauere, Herrn Maihofer in wesentlichen Punkten widersprechen zu müssen, sowohl seiner Kritik an meinen Aussagen als auch seinen Thesen zur Situation »unserer Epoche der Moderne«.

Zunächst muß ich dem von Herrn Maihofer erstellten »Fazit« meiner Aussagen widersprechen, ich habe tatsächlich gesagt: »Ob wir vor einer Machtübernahme durch eine radikale Bewegung stehen, weiß ich nicht.« Dies lasse ich mir jetzt nicht in sein Gegenteil uminterpretieren.

Es blieb bei der Diskussion unbestritten, daß unser Staat einige Millionen Arbeitslose kaum ohne ernsthafte Gefährdung überstehen würde: Das ist eine der Krisen, an die ich dachte, als ich von der Labilität unseres politischen Systems sprach. Daß es – wenn es nicht ernsthaft geprüft wird – routinemäßig weiterbestehen kann, habe ich nicht bestritten.

Ich widerspreche aber der Vermutung, daß meine Diagnose extrem und die eines einsamen Sonderlings sei: Wie ich schon in meiner Antwort auf Herrn Leussink sagte, stimme ich mit vielen ernstzunehmenden Leuten großenteils oder vollständig überein. Ich möchte auch verweisen auf eine sehr große Anzahl zustimmender Briefe aus allen politischen Gruppen, von Arbeitern, Studenten, Professoren und Ministern.

Hinter Herrn Maihofers Kritik steht unausgesprochen der Vorwurf, ich betriebe das Geschäft der Angst. Dem widerspreche ich: Einerseits deshalb, weil persönliches Engagement für eine politische Ansicht nicht für Angst spricht, eher für das Gegenteil; und andererseits, weil seine Verniedlichung unserer Situation anderen (die weniger differenziert argumentieren) das Geschäft mit der Verantwortungslosigkeit erleichtert. Darüber hinaus kann ich den Verdacht nicht unterdrücken, daß hier der Parteitaktiker Maihofer über den Analytiker Maihofer gesiegt hat.

Herr Maihofer hält es für entscheidend, daß es 1930 eine zahlenmäßig mächtige Bewegung des disziplinierten Rechtsextremismus gab, heute aber nur zahlenmäßig schwache und zersplitterte Linksgruppen. Dies stimmt nur scheinbar, denn bevor sich die Nazis im Jahre 1930 als Führungsgruppe der Rechtsextremisten profiliert hatten, gab es bei den Rechtsextremisten auch sehr viele Splittergruppen. Man sollte auch nicht vergessen, wie sich vor 1930 in ganz kurzer Zeit aus einer schwachen Gruppe von Nazis eine der stärksten Fraktionen des Reichstags entwickelte.

Ich möchte Herrn Maihofer aber durchaus zugestehen, daß die manifeste Gefahr durch den Linksextremismus heute geringer ist als die der Rechtsextremisten im Jahre 1930, aber ich habe doch immer wieder gesagt, daß meine Befürchtung nicht durch diese manifesten Gefahren begründet ist, sondern durch die fortwährende Veränderung der Motivation. Schließlich möchte ich erneut zu bedenken geben: Die linksextremen Gruppen sind zwar in sich uneinig, aber sie sind sich durchaus einig in der Absicht, dieses politische System zu überwinden oder zu zerstören.

Herr Maihofer argumentiert gegen meine Feststellung der ideologischen Aushöhlung dieses politischen Systems. Hier scheint er auf einem Auge blind zu sein: Sieht er denn nicht die fortwährende Indoktrination an vielen Universitäten und durch viele Redaktionsstuben? Kennt er denn nicht die »manipulierte Maßlosigkeit«, den »kriminellen Moralismus« und die Gegenaufklärung an unseren Universitäten?

Wie anders als »ideologische Aushöhlung« soll man es bezeichnen, wenn ganze Abiturientenklassen den Dienst in der Bundeswehr verweigern, wenn in vielen Astas politische Gruppen dominieren, deren Absicht gerade nicht die Erhaltung unseres politischen Systems ist?

Ich teile durchaus die Ansicht von Walter Scheel über die SPD: »Es gelang den Sozialdemokraten nicht, die radikaleren sozialistischen Gruppen in ihrer Partei demokratisch zu integrieren.«

Man kann auch nicht behaupten, daß sich seit seiner Feststellung die Machtpositionen innerhalb der Regierungspartei SPD zugunsten der »Sozialdemokraten« verschoben hätten.

Und was erwartet Herr Maihofer eigentlich von den Heerscharen der Pädagogen, Soziologen und Politologen, deren Köpfe gegenwärtig an unseren Universitäten mit dem »wahren Bewußtsein« gefüllt werden und die sich dann als Multiplikatoren in Schulen, Universitäten und Redaktionsstuben über unsere Gesellschaft hermachen werden?

Nein, die ideologische Aushöhlung unseres politischen Systems leugnen zu wollen, braucht schon sehr viel Pragmatismus und Blindheit gegenüber den geistigen Veränderungen, die sich in unserer Zeit abspielen.

In einem Punkte stimme ich Herrn Maihofer vordergründig zu: Nämlich, daß die Gefahr des Rechtsextremismus in unserem Lande besteht. Allerdings sollten wir hierbei nicht Ursache und Wirkung vertauschen: Nach den Erfahrungen mit dem »Dritten Reich« ist die Reputation des tradierten Faschismus zu Null abgesunken. Wenn er sich neuerdings wieder bemerkbar macht, dann vor allem als plumpe Abwehr des Linksextremismus.

Für die vom Linksextremismus Befallenen fürchte ich, daß das Absterben autonomer Kritikfähigkeit und die Absenkung des intellektuellen Niveaus zur Manipulierbarkeit führt. Nach dem voraussehbaren Scheitern des moralischen Rigorismus kommt meist der Zynismus, in dem die Betroffenen für vernünftige Absichten kaum mehr ansprechbar sind und einem Führer willig folgen werden.

Besonders übel scheint mir die Diskreditierung des »Fortschritts«: Es gibt ja keine infamere Methode, einer guten Sache zu schaden, als sie mit falschen Argumenten zu vertreten: Wer Humanität will, kann nicht Aggressivität betreiben.

Herrn Maihofers Ansicht, der Feind stehe rechts, verstehe ich als parteipolitisches Bekenntnis, für das wenig Ernstzunehmendes spricht.

Geradezu grotesk empfinde ich Herrn Maihofers Unterstellung »Maginotkomplex ... keinen Fußbreit Boden aufzugeben ...«

Ich habe mich seit vielen Jahren in Wort und Tat für Reformen eingesetzt, ich habe mit den Studenten schon 1965 gegen den Bildungsnotstand öffentlich demonstriert und mich schließlich – trotz vieler Anfeindungen – vor der Bundestagswahl 1969 für die SPD öffentlich eingesetzt. Herrn Maihofers Vorwurf »Maginotkomplex« kann ich deshalb nur auf seine mangelnde Information zurückführen. Aber Reform setzt einen Auswahlvorgang voraus: Nicht alles, was neu ist, ist wünschenswert, also ein Fortschritt; viele der gegenwärtigen »Reformen« empfinde ich eher als unverantwortliche Zerstörung wertvoller Güter. Ist es denn nicht auffällig, daß so viele der ersten Vorkämpfer für die Bildungsreform sich von dem distanzieren, was gegenwärtig geschieht?

Gerade weil ich mich seit langem für Reformen und die SPD eingesetzt habe, distanziere auch ich mich von dem, was gegenwärtig geschieht: Dies bin ich meinen Freunden innerhalb und außerhalb der SPD schuldig.

Herrn Maihofers These: »Die historische Situation unserer Epoche der Moderne ist zu kennzeichnen als Zeitalter gesellschaftswissenschaftlicher Aufklärung«, ist naiv. Er artikuliert hier einen Fortschrittsoptimismus, der weder erkenntnistheoretisch noch historisch begründbar ist und in unserer Zeit sonst kaum mehr vertreten wird. Ich möchte diese Kritik im Telegrammstil begründen. Dieser liberale Fortschrittsoptimismus impliziert die Vorstellung: Wenn man den Menschen nur immer weiter von Verhaltensnormen befreit, dann wird er immer freier und besser. Herrn Maihofers Beispiele erscheinen mir unvollständig. Was ist beispielsweise mit der bei uns einst selbstverständlichen Tabuisierung des Rauschgiftkonsums? Hält er den Verzicht auf dieses Tabu auch für ein erfreuliches Beispiel der Aufklärung? Soll jeder Mensch für sich die Erfahrung machen, daß ihn Rauschgift schädigt, möglicherweise menschlich zerstört? Dieses Beispiel zeigt deutlich, daß der Abbau tradierter Verhaltensnormen differenzierter betrachtet werden muß als mit einem unerschütterbaren Glauben an die Aufklärung: Es ist ein sehr schweres Geschäft, tradierte Verhaltensnormen zu sortieren in solche, die wir nicht ablegen können, und solche, die wir ablegen können.

Ich weiß auch nicht, ob ein Zustand totaler sexueller Enthemmung besser ist als das altmodische Empfinden »All mein Gedanken, die ich hab', die sind bei dir . . .«

Auch erkenntnistheoretisch ist dieser unbeirrbare Glaube an die Aufklärung und Emanzipation obsolet: Es wäre für die Liberalen nützlich, einmal die Grenzen der Aufklärung und der Emanzipation zu erforschen: Viele meinen sonst, sie seien liberal, dabei sind sie nur unmoralisch.

Nein: Das wichtigste Problem unserer Zeit ist nicht die unbegrenzte Aufklärung und Emanzipation, sondern es ist vielmehr die Einsicht in deren unvermeidbare Grenzen und die Unterwerfung unter Verhaltensnormen, die ein menschliches Zusammenleben auch in der Zukunft noch ermöglichen.

Was ich mit Herrn Maihofer gemeinsam habe, ist der Wunsch, unser Zusammenleben von unnötigen Normen zu befreien: In diesem Sinne bin auch ich liberal. Was mich von ihm unterscheidet, ist die Sorge, daß viele der tradierten Normen für das Individuum und die Gesellschaft unvermeidbar sind.

Gegen Herrn Maihofers zweite These (»Zeitalter der Demokratisierung und Liberalisierung«) habe ich kaum Einwendungen, höchstens den Hinweis auf die präzisen Darstellungen Richard Löwenthals in der »Berliner Stimme« (Sozialdemokratisches Forum) am 26. Februar 1972 zum Thema Demokratisierung:

»Werden ... öffentliche funktionale Einrichtungen, deren Zweck durch übergeordnete politische Organe gesetzt worden ist, im inneren Aufbau ›demokratisiert‹, so widerspricht dies sowohl dem Prinzip der demokratischen Verantwortung wie dem Leistungsprinzip ...«

ICKERT

Ich möchte an das anknüpfen, was Herr Maihofer die epochale Krisis nannte. Ich glaube, wir stehen jetzt wieder am Beginn einer neuen Phase einer geistigen Entwicklung, die mit der Aufklärung begonnen hat. Die Aufklärung hat das logisch-kausale Denken und seine Anwendung auf die Naturwissenschaften fortentwickelt und zu ganz großen Erfolgen geführt. Diese Erfolge wurden aber damit erkauft, daß im Gegensatz zum Mittelalter Denken und Wertsystem fortan getrennte Wege gingen. Diese Diskrepanz zwischen den Naturwissenschaften und den geistigen Wertsystemen ist einer der Gründe für das, was Herr Oldemeyer die doppelte Wertorientierung nannte. Es erscheint heute unmöglich, die rationalen naturwissenschaftlichen Gesetze und unsere Wertsysteme in eine einheitliche Theorie zu bringen. Diese Diskrepanz ist offenbar einer der Gründe für die Unruhe der Jugend und erklärt die Faszination der utopischen, auf irrationalen Voraussetzungen aufgebauten Wertsysteme.

Eine neue Phase des Denkens wird durch die Kybernetik heraufgeführt, die uns lehrt, die Dinge nicht mehr isoliert für sich zu betrachten, sondern in ihrem Zusammenhang mit der Umwelt. Die Kybernetik zeigt uns, wie wir das Verhalten von selbstgeregelten Systemen erkennen und verstehen können, und verweist dabei auf Parallelen auf allen Gebieten der Technik, der Biologie und in den Gesellschaftswissenschaften. Bei Systemen treten Dinge auf, die sich nicht unmittelbar durch logisch-kausales Denken einsehen lassen. Ein System hat die Fähigkeit, in der Anpassung an veränderte Umweltbedingungen sich weiterzuentwickeln zur Erreichung eines neuen stabilen Gleichgewichtszustandes. Mit diesem Denken in Systemzusammenhängen wird das Wechselspiel zwischen Individuum und Umwelt, zwischen Mensch und Gemeinschaft, zwischen einzelnen und der Gruppe unter Einbeziehung von wertenden irrationalen Beziehungen und daraus ableitbaren Verhaltensnormen in den Vordergrund gerückt. Daraus ergibt sich, daß weder der schrankenlose Individualismus noch eine allmächtige Staatsmacht der richtige Weg sein können, sondern eben das, was wir hier als »Dritten Weg« suchen.

Ich glaube, daß sich auch die extremen Systeme durch dieses von der Kybernetik geprägte Denken etwas näherkommen. So kann man in sowjetischen Veröffentlichungen der jüngsten Zeit über die Organisation moderner Betriebe lesen und dort die Definition einer »Hierarchie von ineinandergeschachtelten Regelkreisen mit dem Ziel, Gewinne zu machen«, finden. Diesem Modell ist vom Standpunkt der Sozialen Marktwirtschaft aus kaum etwas hinzuzufügen.

Wenn in der Nachkriegszeit das Problem der Versorgung der Bevölkerung mit Konsumgütern im Vordergrund stand, so deckten sich hier die Gesellschaftsziele mit dem privaten Ziel. Je mehr wir eine Sättigung mit Konsumgütern erreichen, desto stärker tritt auch hier wieder eine Diskrepanz auf: Gewinnmachen in der Wirtschaft wird sicherlich immer ein Ziel bleiben müssen, aber in Zukunft sicher nicht mehr das primäre Ziel. In der Präferenzordnung wird es eine sekundäre Rolle einnehmen müssen, wie die Thesen des »Club of Rome« zeigen. Wenn wir eine humane Gesellschaft wollen, werden wir klare Präferenzordnungen für die Ziele wirtschaftlichen Wachstums und wirtschaftlicher Betriebsführung aufstellen müssen. Dafür ist ein langfristiges Konzept notwendig, in welches sich alle kurzfristigen Maßnahmen einpassen müssen, wobei sie durch Prognoseverfahren zu überprüfen sind, ob sie zur Erreichung dieser langfristigen Ziele geeignet sind. Dazu gehört zum Beispiel die Frage, ob das Wachstum der Wirtschaft laufend weitergehen soll oder nicht, ob wir damit eine humane Gesellschaft erreichen oder gerade verhindern. Ich persönlich glaube, Wachstumsgrenzen wird man nur als Fernziel definieren dürfen. Vorläufig wird das Wirtschaftswachstum noch weitergehen müssen; nur müssen wir in der Zwischenzeit umdenken. Denn das bisherige Wirtschaftswachstum wurde fast ausschließlich dazu benutzt, den Konsum des einzelnen zu erhöhen. In Zukunft werden wir uns daran gewöhnen müssen, daß der Zuwachs nur zu einem ganz geringen Teil der privaten Konsumerhöhung zugute kommen wird, zu einem größeren Teil aber für öffentliche Aufgaben zur Verfügung stehen muß.

Was können wir aber konkret an kurzfristigen Maßnahmen tun? Die zentrale Frage ist hierbei: Was geschieht im Hinblick auf eine humane Gesellschaft für den einzelnen Menschen? Der Mensch darf nicht länger zum Objekt gemacht werden, er muß immer mehr verantwortliches Subjekt werden. Dies meint das Schlagwort »Demokratisierung«. Es geht darum, daß der Mensch bei den Entscheidungen, von denen er betroffen ist, mehr als bisher mitwirken und mitbestimmen muß. In der Wirtschaft werden Organisationsmodelle entwickelt, bei denen im Gegensatz zum alten autoritären Modell, wo befohlen und gehorcht wurde, der einzelne Mitarbeiter bei den Entscheidungen konkret mitwirken kann. Dies stellt jedoch höhere Anforderungen und bedeutet entsprechende Bildungsmaßnahmen. Wenn wir über die reine Mitwirkung hinausgehen zu echter Mitbestimmung, wird es noch viel schwieriger. Das neue Betriebsverfassungsgesetz gibt viele neue Möglichkeiten. Alle, auch die Gewerkschaften, sind sich darüber im klaren, daß hier in Zukunft mehr Bildungsarbeit der einzelnen Mitarbeiter, die nun mitwirken und mitbestimmen sollen, notwendig ist.

Die vorgesehenen drei Wochen Bildungsurlaub können in der ersten Phase kaum voll ausgeschöpft werden; sie sind eher ein langfristiges Ziel. Ehe wir also den Bildungsurlaub, der jetzt nur auf den Betriebsrat begrenzt ist und schon große Anforderungen an die Betriebe stellt, ausweiten, sollten wir erst einmal mit dem jetzigen Bildungsurlaubsmodell Erfahrungen sammeln und diese auswerten.

STEINBUCH
Ich fühle mich durch die bisherigen Diskussionen in meiner Analyse der gesellschaftspolitischen Situation überwiegend bestätigt. Herr Oldemeyer hat von der »Umwertung der Werte« gesprochen. Ich fürchte, damit werden unsere Probleme verniedlicht. Bitte nennen Sie mir doch konkret die Werte, die gegenwärtig in Erscheinung treten und von denen man erwarten kann, daß sie auch in Zukunft unser Zusammenleben ordnen. Wenn ich – in der Erwartung, hierfür kritisiert zu werden – die Frage stelle: War nicht die Machtübernahme durch die Nazis auch eine »Umwertung der Werte«?, dann soll Ihnen dies illustrieren, daß man durch die Kennzeichnung »Umwertung der Werte« möglicherweise eine Situation verharmlost, die sehr ernst ist. Was in unserer Situation geleistet werden muß, ist ein Vordringen zu der Frage: Was ist bei dieser Umwertung eigentlich das Konstante, was können wir nicht umwerten? Wenn man »Umwertung der Werte« sagt, dann hat man das Gefühl, man kann beliebig frei disponieren. Dies trifft aber gerade nicht zu; man kann nicht beliebig frei disponieren, sondern es gibt Einschränkungen. In meinem gestrigen Vortrag habe ich versucht darzustellen, welche Gesichtspunkte es gibt, über die wir nicht hinwegkommen können oder nicht hinwegkommen wollen.

Herr Oldemeyer meinte, der Minimalkanon von Normen dürfe nicht selbst ideologisch sein, sondern müsse ausschließlich rational begründet werden. Dem muß ich – aus Gründen der logischen Präzision – widersprechen. Man kann Normen nicht aus der Rationalität schöpfen, dies braucht andere

Quellen, auch wenn sie nicht offensichtlich sind. Rationalität kann nur dazu dienen, die Folgen von Verhaltensnormen zu entdecken.

(In einer Zwischenrunde diskutierte das *Plenum* mit den Podiumsreferenten. Die wichtigsten der hier gestellten Fragen und vorgetragenen Gesichtspunkte lassen sich folgendermaßen zusammenfassen:

1. Die These, daß die Philosophie in der Analyse einer gesellschaftspolitischen Situation Zurückhaltung üben müsse und erst nachträglich ihre Urteile fällen dürfe, ist anzufechten. Namen wie Karl Jaspers und Ortega y Gasset sind ein Beispiel dafür. Heute geht es um zukunftweisendes Philosophieren unter Hereinnahme neuer Methoden, vielleicht auch der Kybernetik. Die Philosophie ist herausgefordert, ihren richtungweisenden Standort als Zentrum der Wissenschaften wieder zurückzuerobern und mit einer Systemanalyse ein Weltmodell anzubieten.

2. Wir betreiben Systemanalyse und sprechen von Strukturreformen für eine humane Gesellschaft. Es ist jedoch ein Irrtum zu glauben, wir brauchten nur etwas menschliche Strukturen in unserer Gesellschaft zu schaffen und hätten dann auch schon die Menschen dafür, die diese Strukturen wirklich menschlich erhalten können. Die Gefährdung unseres Systems liegt in der Isolierung des Menschen. Eine in diesem Sinne kranke Generation zieht immer wieder eine neue kranke Generation nach sich. Wie können wir den Erziehungsprozeß so gestalten, daß die Freiheit des anderen akzeptiert und das eigene Bild vom Menschen den anderen nicht übergestülpt wird? Wie kann der Erziehungsprozeß mit Inhalten gefüllt werden, so daß eine humane Gesellschaft mit menschlichen Menschen erfüllt ist?

3. Die Gefährdung unserer Gesellschaft scheint nicht eigentlich in der Gefahr zu liegen, die von der radikalen Linken ausgeht. Vielmehr scheint an dem Phänomen der radikalen Linken deutlich zu werden, daß unsere Gesellschaft in weiten Teilen an ideologischer Verarmung leidet und zuneh-

mend unfähig wird, ihre Probleme zu lösen. *Die Herausgeber.*)

STEINBUCH

Auf die Frage: Was müßte eigentlich geschehen?, sollten wir feststellen, daß unser Problem ein geistiges Problem ist und durch organisatorische Maßnahmen unmittelbar nicht gelöst werden kann. Zu dieser geistigen Neubesinnung gehört, wie bereits gesagt, die Aufgabe unserer ideologischen Prüderie, womit wir uns vorgaukeln, unsere heutige demokratische Gesellschaft sei ideologiefrei. Wir müssen uns klar eingestehen: Selbstverständlich haben wir eine Ideologie, und wir vertreten sie mit guten Gründen. Wir müssen über Werte und Zielvorstellungen öffentlich intensiv diskutieren, ohne uns dabei fortwährend zu schämen; wir müssen Zukunftsentwürfe vorlegen und insbesondere im Bildungssystem über Fachbereichsgrenzen hinweg über Zukunftsentwicklungen diskutieren. Wenn ich Seminare für Zukunftsfragen vorgeschlagen habe, so scheinen mir diese vor allem geeignet, aus dem Spezialistendenken herauszukommen und übergreifende Prinzipien, Wertsysteme und Zukunftsentwürfe zu formulieren. Auch außerhalb des Bildungssystems kann man etwas realisieren, was man ein »Programm für kreatives Denken« nennen könnte. Man sollte sich mit den öffentlichen Wettbewerben über naturwissenschaftliche und technische Probleme unter dem Leitwort »Jugend forscht« nicht begnügen, sondern mehr zukunftsorientierte Entwicklungsforschung über gesellschaftliche Strukturen fördern. Hierbei müßten die Gruppen, die nach dem Grundgesetz eigentlich berufen sind, unsere Meinungsbildung zu fördern, nämlich die Parteien, eine Führungsrolle übernehmen.

Ich habe schon vor längerer Zeit vorgeschlagen, was teilweise mit Interesse, teilweise mit Unverständnis aufgenommen wurde: nämlich Klöster für kreatives Denken zu schaffen. Dieser Vorschlag sollte hier erneut zur Sprache kommen. Ich bin der Meinung, daß die für die langfristige Entwicklung unserer Gesellschaft entscheidenden Probleme meist mit einer unglaublichen Oberflächlichkeit diskutiert und analysiert werden. Politisch setzt sich bei uns meist durch, was publikumswirksam dargestellt wird, nicht aber der Entwurf, der sich in einer intensiven und sachverständigen Diskussion als der beste erwiesen hat. Hier ist ein offenbares Defizit der politischen Denkarbeit vorhanden.

Auf meine Idee, Klöster für kreatives Denken einzurichten, bin ich auf einer Studientagung in Alpbach gekommen. Dort geriet ich mit qualifizierten Leuten zunächst in harte Konfrontation. Ich machte dann die Erfahrung, daß, wenn man längere Zeit ernsthaft beieinander ist und in Diskussionen und Argumentationen nicht voreinander ausweichen kann, man plötzlich feststellt, daß Kontrahenten für ihre Ansichten aus ihrer Position her gute Gründe haben. Aus dem Gespräch und dem Beieinandersein auf engem Raum entstehen dann häufig Entwürfe, die besser sind als diejenigen, die man ursprünglich allein produziert hat.

Der verstorbene Waldemar von Knoeringen hat seinerzeit einen hervorragenden Gedanken geäußert: Er schlug vor, eine »Deutsche Kommission« zu bilden, eine Kommission unabhängiger Menschen, welche die Chance haben, langfristig und intensiv über die Probleme unserer Gesellschaft nachzudenken. Die Politiker, die im Zwang der politischen Alltagsgeschäfte stehen, sind im Regelfall außerstande, die Problematik langfristiger politischer Strategie mit angemessener Gründlichkeit zu durchdenken.

Im Vergleich zu einer Konzeption, wie sie diese Klöster für kreatives Denken darstellen, ist das, was wir auf dieser Akademietagung in zwei Tagen denken und diskutieren konnten, eigentlich nur ein Versuch mit unzureichenden Mitteln. Nötig wären solche Gespräche mit längerer Dauer und mit einem intensiveren Prozeß einer Gruppendiskussion, die den notwendigen Meinungs- und Willensbildungsprozeß mehr fördern könnte.

GLOTZ
Die praktischen Vorschläge von Herrn Steinbuch bis hin zu den Klöstern für kreatives Denken sind sicher beachtenswert. Wir wissen eine Menge Dinge, die gut und notwendig wären.

Geben wir uns jedoch keinen Illusionen darüber hin, daß in der politischen Praxis scharfe Kontroversen und harte Widerstände auftreten, wenn es an die Verwirklichung geht. Wieweit sind wir einer Meinung, wenn es um die Kriterien für die Herstellung einer humanen Gesellschaft geht? Wie kommen wir zu einem gerechteren Steuersystem? Wie behandeln wir das Eigentum an Grund und Boden in der wachsenden Industriegesellschaft? Wie können wir das Verursacherprinzip beim Umweltschutz durchsetzen? Wie schaffen wir mehr echte Demokratie an unseren Hochschulen? Hier entstehen harte Konflikte, auch zwischen uns hier auf dieser Tagung, auf der so viel Einstimmigkeit vorhanden zu sein scheint. Wir sollten uns darüber nicht täuschen. In jedem Falle wird die Gesellschaft des »Dritten Weges« nicht aufhören können, auch in Zukunft eine Konfliktgesellschaft zu sein und diese Konflikte hart auszutragen.

MAIHOFER

Die »Neue Linke« ist offenbar nicht eine Ursache unserer Schwierigkeiten, sondern die Folge der Schwierigkeiten, in denen unsere Gesellschaft sich befindet. Herr Steinbuch meint, daß er sich in diesem Urteil von mir nicht grundsätzlich unterscheide. Ich frage mich jedoch: Wo liegen die Gründe für ein solches Übermaß an reformatorischem Elan in unserer nachwachsenden Generation? Sind sie nicht darin zu suchen, daß wir in den Jahren des Wiederaufbaus alles, was zurücklag und woraus Folgerungen für einen neuen Aufbau von Staat und Gesellschaft gezogen werden mußten, sehr schnell verdrängt haben? Wenn man die Reformprogramme unserer Parteien nach 1946 anschaut, muß man feststellen: Da wird es immer dünner, dünner, dünner. Wir haben eine Überfülle an abstrakter Programmatik; aber die Schwäche unseres gegenwärtigen Systems liegt darin, daß wir die Arbeit nicht geleistet haben, aus solcher abstrakten Programmatik zu konkreten Programmen vorzustoßen. In der Tat brauchen wir in unserer Bundesrepublik Einrichtungen, die nicht bloß über die Reproduktion des Bestehenden nachdenken, sondern auch über seine produktive und nicht nur kritische Veränderung. Dies müßte auch ganz anders in den Universitäten geschehen. Ich meine, der gute Wille reicht dazu nicht aus, denn erst aus guten Verhältnissen ergibt sich gute Gesinnung. Ohne gute Verhältnisse wird der gute Wille im Alltag völlig korrumpiert und kann sich nicht durchsetzen. Aus dieser christlichen Illusion, zuerst den guten Menschen zu schaffen, müssen wir meiner Meinung nach aussteigen, wenn wir eine humane Gesellschaft wollen. Um sie zu erreichen, müssen wir konkrete Programme auf den Tisch legen, die die Dinge beim Namen nennen und die scheinbaren Eigengesetzlichkeiten unseres kapitalistischen Systems in Frage stellen. Hier geht es um ganz harte ökonomische Interessen, etwa in der Frage der Ertragsbeteiligung oder des Ungleichgewichts zwischen Kapital und Arbeit, wo man ins Detail gehen muß. Unsere politischen Parteien sind hier aufgefordert, harte Arbeit zu leisten und konstruktive Konzepte auf den Tisch zu legen. Ob diese dann systemverändernd oder systemerneuernd sind, ob sie systemstabilisierend oder evolutionär sind, ist eine sterile Diskussion, denn jede Veränderung bedeutet Abkehr von schlechter Wirklichkeit. Sie bedeutet aber, wenn sie nicht Umsturz ist, auch Beibehaltung von guter Wirklichkeit, von Werten, die wir für glaubwürdig und erhaltenswert erachten. Sicherlich ist dazu »Ideologie« nötig, im wertfreien Sinne als öffentliches Bewußtsein verstanden. Denn wir müssen eine Antwort auf die Frage wissen, worauf es mit der Gesellschaft, der Wirtschaft, dem Staat, dem Recht hinaus soll.

STEINBUCH

In meinem abschließenden Votum lege ich Wert auf die Feststellung, daß ich mich darin mit Herrn Maihofer nicht im Widerspruch, sondern in voller Übereinstimmung befinde: Die gegenwärtige politische Unruhe der Jugend ist nicht Ursache, sondern Wirkung von Versäumnissen unserer Gesellschaft. Dies habe ich in meinem einleitenden Referat ausdrücklich festgestellt.

Vorwurfsvoll wurde gesagt, daß das »eigentliche« Problem nicht etwa die Formulierung übergeordneter Ziele sei, vielmehr deren praktische Durchsetzung. Dem möchte ich entschieden widersprechen: Wir haben genügend politische Geschäftigkeit, aber uns fehlt die wohlüberlegte Übereinstimmung in Werten, Zielen und Zukunftsentwürfen. Die Misere, in die vor allem unsere Universitäten, aber auch andere Gruppen wie z. B. Bundeswehrangehörige und Lehrlinge hineingeschlittert sind, beruht darauf, daß diesen Menschen keine glaubwürdigen Zukunftsperspektiven gezeigt werden. Das Dilemma beruht nicht auf dem Mangel an pragmatischer politischer Geschäftigkeit: Davon haben wir genug. Aber der Mensch lebt nun einfach nicht vom Brot allein.

Herrn Stammlers Urteil: »Es ist eine Lust, in der heutigen Zeit zu leben«, kann man wohl kritisieren: Ich kenne sehr viele Menschen nicht nur in unseren Universitäten, die ihm entschieden widersprechen würden. So erhielt ich vor wenigen Tagen einen erschütternden Brief eines international anerkannten Wissenschaftlers und mehrfachen Ehrendoktors, der 1933 als Liberaler und Jude aus dem Dritten Reich emigrierte und 1964 erneut einem Ruf an eine deutsche Universität folgte. Er schrieb mir: »An wissenschaftliche Arbeit ist längst nicht mehr zu denken. Mein Problem ist, ob ich die Emeritierung unter diesen Umständen noch erlebe.« Was viele, sehr viele solcher Menschen gegenwärtig an unseren Universitäten erdulden, paßt sicher nicht zu dem netten Spruch: »Es ist eine Lust zu leben!«

Ich weiß auch nicht, was die Eltern von Hunderttausenden »ausgeflippter« Kinder hierzu sagen würden. Als Folge meiner offenen Briefe an den Herrn Bundeskanzler erhielt ich viele meist zustimmende Briefe. Viele verzweifelte Eltern schrieben: Wir haben unsere Kinder nach bestem Vermögen erzogen. Aber nun werden diese Kinder durch Schule, Universität, Rundfunk und Fernsehen in unverantwortlicher Weise verdorben.

Ich möchte Herrn Stammler hier auf den erschütternden Leserbrief von Pfarrer Ensslin (Vater von Gudrun Ensslin) im »Spiegel« Nr. 9/1972 hinweisen.

Noch einmal sei ausdrücklich festgestellt: Ich habe nie behauptet, 1930 sei gleich 1972, im Gegenteil, ich habe ausdrücklich gesagt, daß man nie zweimal in denselben Fluß steigt.

Wenn meiner Feststellung der teilweisen Analogie von 1930 und 1972 widersprochen wurde, so scheint mir hierbei ein wichtiger Sachverhalt übersehen worden zu sein: Prognosen kann man nicht unter der Voraussetzung machen, daß alles so bleibt, wie es gegenwärtig ist, vielmehr muß man die verändernden Kräfte beachten, also nicht statisch, sondern dynamisch extrapolieren.

Wenn wir aber fragen: Welche Ideologien dominieren dort, wo das Denken der kommenden Jahrzehnte formiert wird, also an Universitäten und in meinungsbildenden Redaktionsstuben, dann kann man hinsichtlich der zukünftigen Entwicklung kaum optimistisch sein.

Entschieden möchte ich dem Urteil von Herrn Stammler widersprechen, meine Haltung sei Resignation: Wer resigniert, der exponiert sich nicht. Ich möchte – in aller Bescheidenheit – in Anspruch nehmen, mit dieser Tagung in Bad Boll Menschen zum Bewußtsein gemeinsamer Absichten zusammengebracht zu haben. Herr Stammler sprach ja selbst davon, daß bewußtes Handeln aus Herausforderungssituationen herauswachse. Ich teile diese Ansicht, stelle mich dieser Herausforderung und resigniere nicht.

Helmut Gehrke
Entfremdung und Selbstfindung des Menschen

Zum Begriff der Entfremdung

Wo immer heute ernsthaft nach dem Menschen gefragt wird, drängt sich fast unweigerlich eine Theorie auf, die besser zur Welt des Mythos zu passen scheint als zur Welt der Wissenschaft: die Theorie der »Entfremdung des Menschen« in der modernen Gesellschaft. Denn diese Idee setzt einen ursprünglichen Zustand voraus, in dem der Mensch nicht entfremdet war. Und sie weckt die Hoffnung auf einen künftigen Zustand, in dem der Mensch seine verlorene Identität wiederfinden wird. Wer angesichts dieser Denkfigur der »Entfremdung des Menschen« an die biblische Geschichte vom Paradies, der Vertreibung in die Fremde und die verheißene Erlösung erinnert wird, befindet sich auf der richtigen Fährte. Denn hinter der Rede von der Entfremdung steht säkularisierte Heilsgeschichte. Das ist sicher auch der Grund für die durchschlagende Kraft dieser Idee, denn sie ist seit Karl Marx zu einer der schärfsten Waffen der Gesellschaftskritik geworden.

Es bedarf keiner Frage, daß die Entfremdungsidee wie ein scharfer Scheinwerfer wirkt, der die Krise der Gesellschaft in helles Licht rückt. Sie ist ein unentbehrliches Instrument, um Krankheitsherde, um Leiden in der Gesellschaft sichtbar zu machen. Andererseits kann man vermuten, daß dieser Lichtstrahl manches im Dunkel läßt, das zum Verständnis der Krise notwendig dazugehört. Denn das Entfremdungsmodell ist im Gegensatz zur religiösen Auffassung an der Auflösung aller Widersprüche und Rätsel des Lebens im Leben selbst interessiert. Es ist ein Harmoniemodell, das an die prinzipielle Aufhebbarkeit aller Formen von Entfremdung und Zwiespältigkeit glaubt. Das, was die Religionen als eschatologische Vollendung von Gott erwarten, das wird in diesem Modell als innergeschichtlich realisierbar gedacht. Die Geschichte soll in der Geschichte an ihr Ende, zu ihrer Vollendung kommen. Oder mit Marx gesprochen: Alle bisherige Geschichte soll bloße Vorgeschichte genannt werden angesichts jener nach-revolutionären Geschichte, in der die Dialektik des Klassenkampfes zum Stillstand kommt, weil es keine Gegensätze mehr gibt.

Es ist von vornherein zu erwarten, daß die Entfremdungstheorie kein Interesse daran hat, unaufhebbare Bedingungen von Entfremdung wahrzunehmen; etwa die Grundeinsicht der Anthropologie, daß der Mensch seine Identität nicht dadurch gewinnt, daß er bei sich selbst bleibt, sondern im Gegenteil aus sich heraustritt in seinem Werk und sich selbst vergegenständlicht in seinen kulturellen Schöpfungen. Die Selbstentäußerung des Menschen etwa in der Arbeit ist die Weise, wie sich der Mensch verwirklichen kann. Helmut Plessner nennt diese für den Menschen kennzeichnende Seinsweise »exzentrische Positionsform«. Mit dieser Lebensstruktur der Selbstentäußerung ist immer auch die Möglichkeit der Selbstentfremdung gegeben, dann nämlich, wenn die vom Menschen geschaffenen Dinge Macht über den Menschen gewinnen, wenn der Mensch sich an die Dinge verliert und Sklave ihrer Eigengesetzlichkeit wird.

Weil das Entfremdungstheorem seine Kraft zum Teil aus seinem globalen Vorwurfscharakter empfängt, weil es an der fundamentalen Unterscheidung von Entäußerung als anthropologischer Struktur und Entfremdung als Fehlform ihrer Realisierung nicht interessiert ist, darum bringt es neben seiner entlarvenden Kraft auch Gefahren für eine nüchterne Beurteilung der Situation mit sich. Denn so deutlich sie die Krankheitsherde in der Gesellschaft zeigt, so entschieden nimmt sie den Menschen als mögliche Quelle der Entfremdung aus dem Blickfeld. Hier gilt immer noch das alte Dogma, wonach der Mensch das Produkt der Gesellschaft sei. Die sich nahelegende Wechselbeziehung, in der der Mensch zur Gesellschaft steht, als Schöpfer und Geschöpf, als Täter *und* als Opfer, wird in einer eindimensionalen Sicht aufgelöst. Das macht zwar die Theorie schön einfach, aber es entfernt sie auch von der Wirklichkeit. Nicht zufällig ist in den sozialistischen Ländern die Diskussion der Entfremdung wieder aufgekommen, nachdem sie jahrzehntelang unter Tabu stand. Denn nach Marx sollte ja mit dem Privateigentum auch die Entfremdung aufgehoben sein. Selbst genuin marxistische Denker wie Mihailo Markovic und Adam Schaff warnen angesichts der neuen, unübersehbar gewordenen Entfremdungsformen im Sozialismus, die es nach Marx doch gar nicht geben kann, vor jedem Automatismus im Hinblick auf die »Aufhebung« menschlicher Entfremdung überhaupt. Die säuberliche Trennung von Mensch und Gesellschaft, wo es sich um die Quellen der Entfremdung handelt, dürfte nur gewaltsam und nur in der Theorie möglich sein.

So unbestritten die Bedeutung der Entfremdungsidee als Instrument der Gesellschaftskritik ist, so problematisch ist sie als Gesamtrahmen für die Interpretation der modernen Gesellschaft. Aus diesem Grund möchte ich mit einem eingeengten Entfremdungsbegriff arbeiten, wie er in den Humanwissenschaften längst üblich ist. »Entfremdung« bedeutet hier das Leiden des Menschen an bestimmten gesellschaftlichen Zuständen, die ihrerseits das Ergebnis menschlichen Handelns sind. Man könnte Entfremdung auch mit Karl Marx als »Fetischisierung«, d. h. Vergötzung menschlicher Produkte, bezeichnen. Damit ist gemeint, daß sich die vom Menschen selbst geschaffenen Dinge, Institutionen, Techniken derart verselbständigen können, daß sie Macht über den Menschen gewinnen und der Mensch vor ihnen die Knie beugt. Der Mensch wird so zum Sklaven seiner eigenen Werke, er erschafft sich gleichsam seine Götter. Diese theologischen Anklänge sind keineswegs zufällig, sie finden sich so in den Marxschen Analysen. Aufhebung der Entfremdung meint Aufhebung von Götzendienst.

Phänomene der Entfremdung

An der Wiege des modernen Entfremdungsgedankens steht der tiefe Pessimismus Jean-Jacques Rousseaus. Seine Kritik an der Kultur und der Gesellschaft hatte jenes gebrochene Verhältnis zum Fortschrittsoptimismus der Aufklärung zur

Folge, das für Lessing, Goethe, Schiller kennzeichnend wurde. Für Rousseau ist Kultur ein System von Verhaltensmodellen, das sich dem Menschen als verbindlich aufzwingt. Der Mensch, der sein Leben unter dem Zwang dieser Modelle und Muster gestaltet, ist nicht mehr er selbst. Er lebt ein Leben, in dem nicht er bestimmt, sondern in dem er von außen bestimmt wird. Entfremdung wird also gleichbedeutend mit Heteronomie, Fremdbestimmung.

Hier wird vielleicht zum erstenmal die Einsicht gewonnen, daß der Fortschritt nicht umsonst ist. Die wachsende Freiheit von der Natur und ihren Zwängen wird mit sozialem Freiheitsverlust bezahlt. Die moderne Zivilisation ist an das arbeitsteilige Zusammenwirken immer größerer menschlicher Gemeinschaften geknüpft, um die Ergebnisse der Wissenschaften zum eigenen Nutzen anwenden zu können. Zwischen die Menschen und ihre natürliche Umwelt hat sich ein immer differenzierter werdender Komplex von wissenschaftlichen Resultaten geschaltet, die arbeitsteilig gewonnen, angewandt und weiterentwickelt werden. Daraus mußte sich eine Gesellschaft ergeben, die im Hinblick auf ihren Umfang und ihre organisatorische Differenziertheit ohne Beispiel in der Geschichte ist. Der Industrialisierungsprozeß macht allmählich die ganze Welt zu einem arbeitsteilig zusammenwirkenden Ganzen. Je mehr sich aber die Arbeitsteilung durchsetzt, desto größer wird die Abhängigkeit der Menschen voneinander und desto wichtiger wird das Funktionieren einer gesellschaftlichen Ordnung, die die Teilhandlungen koordiniert.

Die immer mächtiger werdende Gesellschaft mit ihren Produktions- und Verwaltungsapparaten steht dem immer ohnmächtiger werdenden einzelnen gegenüber: Das ist die Welt, die Franz Kafka in seinen Werken darstellt. Das ist die Welt, die dem Menschen entglitten ist und sich zu einer Macht verselbständigt hat, die den Menschen fremd, schwermütig und depressiv oder verzweifelt und aggressiv macht.

1. Die technische Entfremdung
Einen Aspekt dieser Entfremdung durch Arbeitsteilung hat bereits Friedrich Schiller genau beschrieben. In seiner Ab-

handlung »Über die ästhetische Erziehung des Menschen« von 1795 vergleicht er die moderne Gesellschaft mit einem kunstreichen Uhrwerk, das aus vielen leblosen Teilen zusammengestückelt ist. Es heißt dort: »Ewig nur an ein einzelnes kleines Bruchstück des Ganzen gefesselt, bildet sich der Mensch selbst nur als Bruchstück aus; ewig nur das eintönige Geräusch des Rades, das er umtreibt, im Ohre, entwickelt er nie die Harmonie seines Wesens, und anstatt die Menschheit in seiner Natur auszuprägen, wird er bloß zu einem Abdruck seines Geschäftes, seiner Wissenschaft.« Wie soll der einzelne die Totalität seiner Anlagen und Fähigkeiten ausbilden, wenn das Gemeinwesen »an dem einen seiner Bürger nur das Gedächtnis, an einem anderen den tabellarischen Verstand, an einem dritten nur die mechanische Fertigkeit ehrt«. »So wird allmählich das einzelne konkrete Leben vertilgt, damit das Abstrakt des Ganzen sein dürftiges Dasein friste.«

Ohne den Ausdruck »Entfremdung« zu benutzen, hat Schiller hier beschrieben, was bei Marx die »Subsumption des Individuums unter die Teilung der Arbeit« genannt wird. Wir können hier von der technischen Entfremdung sprechen. Die Maschinen, die erfunden wurden, um dem arbeitenden Menschen zu dienen, nehmen nun den Menschen in Dienst. Es entwickeln sich immer mehr Arten von Arbeit, die die menschlichen Fähigkeiten verkümmern lassen und die Gesundheit, Kraft und Intelligenz des Menschen beeinträchtigen. Unter diesen Umständen kann sich der Mensch nicht mehr in seiner Arbeit verwirklichen, er muß sein Menschsein in die Freizeit verlagern. Die Arbeit wird ungeliebt und hemmt die geistige und ethische Entwicklung des Menschen.

2. Die ökonomische Entfremdung

Wie kein zweiter hat Karl Marx die Entfremdung des Menschen durch das private, egoistische Gewinnstreben und den Zwang zur Habsucht in der kapitalistischen Wirtschaft aufgedeckt. Hier sah er die tiefste Quelle aller Formen von Entfremdung. Man muß dabei berücksichtigen, daß für Marx wie für Hegel die Arbeit den Rang der Selbstverwirklichung hat. In der Arbeit verwirklicht der Mensch sein Wesen, er entäußert sich selbst und verobjektiviert sich in ihr. Darum ist das Arbeitsprodukt ein Teil des Menschen, ja in ihm kann der Mensch erst zu sich selbst kommen. Wird die Arbeit unmenschlich, dann muß auch der Mensch unmenschlich werden. Das aber geschieht in der kapitalistischen Wirtschaft. Denn hier ist der Lohnarbeiter gezwungen, seine Arbeitskraft und seine Zeit zu verkaufen, d. h. er wird selbst zur Ware. Marx sagt: »Je mehr der Arbeiter Werte schafft, um so wertloser wird er, je geformter sein Produkt wird, um so mißförmiger wird der Arbeiter.« Und: »Der Arbeiter wird eine um so wohlfeilere Ware, je mehr Waren er schafft. Mit der Verwertung der Sachenwelt nimmt die Entwertung der Menschenwelt in direktem Verhältnis zu. Die Arbeit produziert nicht nur Waren; sie produziert sich selbst und den Arbeiter als eine Ware.« Die Arbeit also, die freie Entfaltung der menschlichen Möglichkeiten sein sollte, degradiert den Menschen zur Ware. »Ware« ist für Marx nicht ein Ausdruck für bestimmte Gegenstände, sondern gleichbedeutend mit »Warenform«, und bezeichnet die fundamentale, ontologische Grundstruktur unserer modernen Welt, die jeder Art von Gegenständlichkeit zugrunde liegt. Sogar das Selbstbewußtsein des Menschen nimmt Warencharakter an.

3. Soziale Entfremdung

Die Analyse dessen, was man »soziale Entfremdung« nennen kann, geht ebenfalls auf Marx zurück. Der junge Marx beschreibt die bürgerliche Gesellschaft als eine »Gesellschaft des Habens«, weil in ihr das Geld und die Ware Fetisch-Charakter annehmen und als neue Götzen den Menschen um seine menschlichen Möglichkeiten bringen. Hier kritisiert Marx auch die Französische Revolution, weil sie die falsche, egoistische Freiheit des Privatmenschen gefördert habe, die sich frei macht von der Verantwortung für den Staat und die Gesellschaft. Und er kritisiert die Menschenrechte, weil sie über den egoistischen Menschen der bürgerlichen Gesellschaft mit seiner Privatwillkür und seinem Privatinteresse nicht hinausgehen. Die Freiheit, zu der der Mensch emanzipiert werden müsse, ist mit jener »Freiheit der höchsten Gemeinschaft« identisch, die Hegel als höhere und positivere Form der Freiheit der bloß negativen Freiheit des isolierten Einzelindividuums gegenübergestellt hatte. Das Profitstreben entfremdet die Menschen untereinander, vor allem aber die Arbeiterklasse, von der Marx sagt, daß sie »universellen Charakter durch ihre universellen Leiden besitzt«, weil an ihr das Unrecht schlechthin verübt wird.

Zur sozialen Entfremdung wird man noch eine Reihe weiterer Symptome rechnen müssen, die hier nur erwähnt seien: die wachsende Distanzierung durch Privatisierung; Mobilität und Entwurzelung; Selbstschutz gegen Reizüberflutung; feindseliges Klima als Folge von nervlicher Überbeanspruchung und Aggressionsbereitschaft; Vereinsamung.

4. Selbstentfremdung

Die bedrängende Frage, ob der Mensch hinter den vielen Rollen, die er in der Gesellschaft spielt, noch sein Ich, seine Subjektivität bewahren kann, hat Robert Musil in seinem Roman »Der Mann ohne Eigenschaften« thematisiert. In »Kakanien«, einem zerfallenden Staat, »der sich selbst nur noch irgendwie mitmachte«, wird sichtbar, daß »jeder Landesbewohner mindestens neun Charaktere hat: einen Berufs-, einen National-, einen Staats-, einen Klassen-, einen geographischen, einen Geschlechts-, einen bewußten, einen unbewußten und vielleicht noch einen privaten Charakter. Er vereinigt sie in sich, aber sie lösen ihn auf, und er ist eigentlich nichts als eine kleine, von diesen vielen Rinnsalen ausgewaschene Mulde, in die sie hineinsickern und aus der sie wieder austreten, um mit anderen Bächlein eine andere Mulde zu füllen. Deshalb hat jeder Erdenbewohner auch noch einen zehnten Charakter, und dieser ist nichts anderes als die passive Phantasie unausgefüllter Räume. Er gestattet dem Menschen alles, nur nicht das eine: das ernst zu nehmen, was seine mindestens neun anderen Charaktere tun und was mit ihnen geschieht, also mit anderen Worten, gerade das nicht, was ihn ausfüllen sollte.«

Als Landesbewohner, das heißt als Mensch in seinen konkreten Lebensmöglichkeiten, hat der Mensch jene neun Charaktere und mehr, ist er nicht nur eine Person, sondern viele

Personen, spielt er viele Rollen zugleich, und umgekehrt spalten und lösen diese ihn auf.

Als Erdenbewohner aber, und das heißt als Mensch seiner Möglichkeit nach, kann er sich kraft seiner passiven Phantasie von jenen Wirklichkeiten unterscheiden und sie ironisch ernst und zugleich nicht ernst nehmen. Diese passive Phantasie erlaubt es nach Musil dem Menschen, sich durch Selbstironie aus seiner Wirklichkeit herauszureflektieren, um seine Unabhängigkeit von allem zu bewahren und mit seinen anderen Möglichkeiten zu spielen.

Genau an der Stelle der passiven Phantasie bei Musil steht die aktive, utopische Phantasie bei Marx. Beide suchen den Zugang zu den unbegrenzten Möglichkeiten des Menschen. Für Musil liegt die Hoffnung in der inneren Subjektivität, für Marx in der Zukunft. Damit stehen wir vor der Frage nach der Aufhebung der Entfremdung.

Aufhebung der Entfremdung

Wenn wir nach möglicher Aufhebung menschlicher Entfremdung fragen, dann muß ich zunächst auf die Kritik am Entfremdungsbegriff zurückkommen. Ich hatte die Marxsche Entfremdungsidee verworfen, weil sie dem Menschen nicht gerecht wird. Sie vergleichgültigt den entscheidenden Unterschied zwischen Selbstentäußerung, die zum Wesen des Menschen gehört, und Selbstentfremdung, die als Gefahr der Verselbständigung menschlicher Produkte immer gegeben ist. Man müßte in der Tat die Geschichte stillstellen können, wenn Entfremdung prinzipiell aufgehoben werden sollte. Das aber kann kein Ziel unserer Arbeit und Hoffnung sein, den Menschen von seinem spezifischen Menschsein zu befreien. Denn wenn der Kampf des Menschen zwischen Selbstverwirklichung und Selbstverfehlung aufgehoben würde, dann gäbe es für ihn keine Lebensziele mehr. Er wäre von aller Angst, aber auch von aller Hoffnung »befreit«. Darum ist dieser globale Entfremdungsbegriff nicht nur illusorisch, er ist auch gefährlich. Weil er notwendig an der Wirklichkeit scheitern muß, kann er leicht in verzweifelte Gewalt umschlagen. Und Gewalt kann dann sogar als heilsnotwendig legitimiert werden, denn sie steht ja angeblich im Dienst der Aufhebung von Entfremdung. Darum plädiere ich für einen empirischen Entfremdungsbegriff, wie ihn etwa die Soziologie und die Psychologie verwenden. Er beschreibt dort empirisch faßbare Tatbestände, etwa die Spannung zwischen Individuum und Gesellschaft oder die neurotischen Störungen eines Menschen. Dementsprechend kann Aufhebung der Entfremdung sich nur auf diese konkreten Gefährdungen des Menschen beziehen, nicht aber auf die endgültige Erlösung des Menschen vom Kampf um seine Selbstverwirklichung. Wenn mit dieser Grenzziehung auch die Politik von dem Ansinnen befreit ist, Heilsgeschichte zu inszenieren, dann ist die politische Arbeit damit keineswegs in ihrer Verantwortung geschmälert. Sie ist lediglich von einer religiösen Funktion entlastet, die sie gar nicht erfüllen kann.

Keine Politik kann den Sinn des Lebens herbeischaffen. Aber sie kann dafür sorgen, daß der Mensch nicht einem technischen, ökonomischen oder politischen Sinn geopfert wird. Keine Politik kann Humanität, Menschenwürde, Liebe durch gesetzliche Verordnungen hervorbringen und erzwingen, aber sie kann sie schützen, indem sie verhindert, daß Prämien auf rücksichtsloses, egoistisches, menschenverachtendes Verhalten gesetzt werden.

Keine Politik kann den Menschen davor bewahren, Dinge zu fetischisieren und den eigenen Machwerken Opfer zu bringen. Aber sie kann verhindern, daß die ganze Gesellschaft in den Dienst des wissenschaftlich-technischen und ökonomischen Fortschritts gezwungen wird. Denn auch Wissenschaft und Wirtschaft müssen verantwortet werden, ihr Wachstum ist kein Wert an sich. Keine Politik kann humane Werte in die Herzen der Menschen pflanzen, aber sie kann jenen Wertnihilismus eindämmen, den sie selbst erzeugt, indem sie Lippenbekenntnisse zur Menschenwürde und sozialen Verantwortung ablegt und gleichzeitig den unerbittlichen Konkurrenzkampf zur Schule der Nation erhebt und den asozialen Egoismus der einzelnen und der Gruppen duldet oder gar mit sozialer Anerkennung prämiert. Die Krise unserer Gesellschaft wird sicher richtig als fundamentale Wert- und

Sinnkrise beschrieben. Die von Menschen selbst erschaffene Güterwelt erweist sich nicht als die ersehnte Heimat des Menschen. Nachdem die elementaren Lebensbedürfnisse gestillt sind, bricht die unausrottbare Frage nach dem Sinn des Lebens auf. Was hilft es dem Menschen, wenn er die ganze Welt gewinnt und dabei Schaden nimmt an seiner Seele? Diese alte Wahrheit wird heute wiederentdeckt angesichts der Tatsache, daß unsere moderne Gesellschaft zwar Lebensgüter produziert, aber dem Sinn des Lebens nicht nur indifferent, sondern abweisend gegenübersteht. Darum müssen alle Lebensformen, Institutionen und Techniken dem Maßstab unterworfen werden, ob sie der Entfaltung des Menschen und seiner Annahme durch die Gemeinschaft dienen oder im Wege stehen. Ob sie Kümmerformen des Menschen begünstigen oder reife, verantwortliche Persönlichkeiten. Das ist die große und lohnende Aufgabe der Politik.

Aber die Veränderung der Institutionen genügt nicht. Auch gute Institutionen können mißbraucht werden. Deshalb muß am Schluß unsere Aufmerksamkeit auf die Stelle gerichtet werden, die ich von der politischen Arbeit bewußt ausgegrenzt habe. Und hier steht der Mensch. Es kann keinen Zweifel daran geben, daß wir alle umdenken müssen. Eine Sinneswandlung ist nötig, wenn wir die drohenden Gefahren bannen sollen. Die Richtung, in der gedacht werden muß, möchte ich so umschreiben: Es geht um die Annahme des Menschen. Die Sinnfrage des Menschen hängt daran, daß er angenommen wird. Der Mensch darf nicht länger bloßes Objekt unserer Theorien, unserer Pläne, unserer Bildungsprogramme, unserer Veränderungsstrategie sein. Der Mensch muß zuerst und vor allem so angenommen werden, wie er ist. Ich verrate Ihnen nichts Neues, wenn ich sage, daß dies das Geheimnis Jesu von Nazareth war. Er hat die Menschen nicht für seine Idee verwendet, sondern sie vorbehaltlos angenommen. Das scheint mir auch heute noch das Revolutionärste zu sein, das es gibt.

Lassen Sie mich das noch etwas konkretisieren.

Seit siebzig Jahren, seit Freuds sensationeller Entdeckung des Unbewußten, weiß die gebildete Welt, daß das klassische humanistische Menschenbild falsch ist. Der Mensch ist nicht identisch mit jenem selbstgewissen, abstrakten rationalen Wesen, das der Träger von Wissenschaft und Technik ist. Er ist das in Hoffnungen und Ängsten denkende, um Ansehen und Macht bemühte und sich in allem rechtfertigende Wesen. Die Wissenssoziologie hat diese Einsicht bestätigt und das objektive, wertfreie Denken in den Bereich der Fiktionen verwiesen. Aber nach wie vor ist ein Begriff von der Rationalität in Geltung, der alle menschliche Realität außerhalb des abstrakten Denkens als irrational abtut. Damit gerät die emotionale, auf Annahme und Lebenssinn ausgehende Wirklichkeit des Menschen in den verdrängten Nachtbereich des Unerlaubten und wissenschaftlich Geächteten. Nun kann sich Macht um so wirksamer und unkontrollierter entfalten, wenn sie sich nur rational tarnt. Weil die emotionale Seite des Menschen, die so real ist wie die rationale, nicht angenommen wird, muß der Mensch eine Spaltung seines Wesens hinnehmen, die ihn emotional verkümmert und rational verblendet. Die gefährliche Diskrepanz zwischen dem offiziellen Selbstbild des Menschen und seiner Wirklichkeit stürzt ihn in eine sinnlose Identitätskrise.

Ein zweites Beispiel. Seit einigen Jahrzehnten hat die Ich-Du-Philosophie Ferdinand Ebners und Martin Bubers eine vergessene Wahrheit ins Bewußtsein gehoben, die auch von der Entwicklungspsychologie bestätigt wurde. Danach steht am Anfang der Menschwerdung das Du. Ohne Du gibt es kein Ich. Erst in der Annahme des Menschen durch den anderen Menschen entwickelt sich eine Person, ein Mensch. Das aber heißt: der alte Individualismus, der persönliche Unabhängigkeit und Freiheit zum Höchstwert des Lebens erhebt, der das Menschsein mit dem Ich definiert, nimmt nicht den Menschen an, wie er wirklich ist. Er zerschneidet im Begriff des Menschen als Individuum die lebendige Ganzheit des Lebens. Menschsein ist zu definieren als Mitmenschsein. Humanität ohne den Mitmenschen ist eine Fiktion. Das Ideal der Lebensfülle, der Entfaltung aller menschlichen Fähigkeiten, das der alte Humanismus anstrebte, ist nicht gegen den Mitmenschen, sondern allein mit ihm zu erreichen. Darum müssen wir einen neuen Humanismus der konkreten Ich-Du-Beziehung entwickeln und ihm in den Institutionen Raum geben.

Ein letztes Beispiel: die Arbeit. Hier muß es unsere Aufgabe sein, die unheilvolle Spaltung von entfremdender Arbeit und kompensierender Freizeit so weit wie möglich aufzuheben. Sicher gibt es unaufhebbare Grenzen, die z. B. mit der Arbeitsteilung gegeben sind, aber die freie Selbstentfaltung in der Arbeit sollte nicht nur ein Privileg kleiner Gruppen sein, die das Glück haben, Beruf und Berufung, Pflicht und Neigung miteinander zu verbinden. Erste Versuche, die geisttötende und erniedrigende Fließbandarbeit abzuschaffen, sind ermutigend. Auf diesem Weg sollte weitergesucht werden. Die tiefschürfenden Analysen der entfremdeten Arbeit von Karl Marx haben an Aktualität nichts verloren, zumal sie vom Geist des klassischen Humanismus inspiriert wurden. Hier, in der Entfremdung der Arbeit, hat auch der Streit um die Leistung seinen tiefsten Grund. Die Reihe der Beispiele könnte noch lange fortgesetzt werden. Etwa die empirischen Wissenschaften müßten viel stärker in die Verantwortung für ihre gesellschaftlichen Folgen einbezogen werden. Die Mentalität einer »Wegwerfgesellschaft« mit entsprechender Konsumwerbung ist eine ständige Demütigung des Menschen unter ökonomische Selbstgesetzlichkeit.

Ich sage Ihnen nichts Neues. Aber es kommt darauf an, daß wir das längst Erkannte auch tun. Und das heißt: den Menschen annehmen, wie er ist.

Die Autoren

Prof. Dr.-Ing. KARL STEINBUCH, Direktor des Instituts für Nachrichtenverarbeitung und -übertragung der Universität Karlsruhe. Geboren 1917 in Stuttgart. Studium der Physik an der Technischen Hochschule Stuttgart, 1944 Promotion. 1948 bis 1958 Labor- und Entwicklungsleiter bei der Firma Standard Elektrik Lorenz AG, Stuttgart. Verantwortlich für den Aufbau des Informatik-Systems »Quelle«. Etwa 50 Patente aus verschiedenen Gebieten der Nachrichtentechnik. Seit 1958 ordentlicher Professor und Institutsdirektor an der Technischen Hochschule (jetzt Universität) Karlsruhe. Forschungsgebiete: Adaptive Systeme und Automatische Zeichenerkennung. Zukunft der Technik. Mitglied der »Deutschen Gesellschaft für Kybernetik« und der Akademie der Naturforscher LEOPOLDINA, Halle/Saale, Gründungsmitglied der »Gesellschaft für Zukunftsfragen e. V.«, Mitglied der »Société Européenne de Culture«, Preisträger der »Wilhelm-Bölsche-Medaille in Gold« 1969, Verleihung des Deutschen Sachbuchpreises 1972 für das Buch »Mensch – Technik – Zukunft«.

HELMUT GEHRKE, geboren 1932. Studium der Theologie und Philosophie in Marburg und Göttingen. 1964 Gemeinde- und Kreisjugendpfarrer in Wellerode bei Kassel. Seit 1971 Studienleiter an der Evangelischen Akademie Bad Boll, Abteilung für kulturelle Fragen.

Dr. phil. PETER GLOTZ, geboren 1933. Seit 1963 wissenschaftlicher Mitarbeiter des Instituts für Zeitungswissenschaft in München. 1969/70 Konrektor an der Universität München. 1970 Mitglied des Bayerischen Landtags (SPD) und der

Deutschen UNESCO-Kommission, Mitglied des Präsidiums der SPD in Bayern.

Veröffentlichungen: »Versäumte Lektionen – Entwurf eines Lesebuchs« (mit W. Langenbucher), »Mobilisierung der Demokratie«, »Der mißachtete Leser – Kritik der deutschen Presse«.

Dr.-Ing. JOHANNES ICKERT, geb. 1917 in Leipzig. Von 1939 bis 1949 Studium des Maschinenbaus an den Technischen Hochschulen Danzig und – nach Unterbrechung durch Kriegsdienst – Hannover. Anschließend dort vier Jahre Assistent am Institut Werkzeugmaschinen und Fertigungstechnik, Professor Dr. Kienzle; 1953 Promotion auf dem Gebiet der Technischen Normung. Anschließend Industrietätigkeit bei den Firmen MAN, Stahlarmaturen Siepmann KG, DEMAG. Zur Zeit Tätigkeit als Direktor bei Ad. Strüver KG in Hamburg. Ehrenamtliche Tätigkeit in der nationalen und internationalen Normung und im VDI.

Veröffentlichungen auf dem Gebiet der Fertigungstechnik und der Normung, daneben Arbeiten über Aufbau und Verhalten von komplexen Systemen (Systemlehre) mit dem Ziel, auf der Grundlage einer einheitlichen Methodik zu einer Einheit der Wissenschaften zu gelangen.

Prof. Dr. phil. RICHARD LÖWENTHAL, geb. 1908 in Berlin. Studium in Berlin und Heidelberg, Promotion 1931. Im Dritten Reich und nach seiner Emigration war er in der sozialistischen Widerstandsgruppe »Neu Beginnen« tätig; aus dieser Zeit stammt das Pseudonym »Paul Sering«, unter dem er nach dem Krieg sein erstes Buch »Jenseits des Kapitalismus« veröffentlichte. Den Krieg erlebte Löwenthal in England. Er kehrte 1948 als Korrespondent englischer Zeitungen nach Deutschland zurück. 1954 bis 1958 war er außenpolitischer Kommentator des Londoner »Observer«. Auf Grund seiner Aufsätze in Fachzeitschriften über Probleme moderner Diktaturen und revolutionärer Bewegungen sowie über den Ost-West-Konflikt wurde er 1959/60 zu einem Forschungsjahr am Russian Research Center der Universität Harvard eingeladen und 1961 auf den ersten deutschen Lehrstuhl für

Außenpolitik an der Freien Universität Berlin berufen. 1964/65 Gastprofessor an der Columbia Universität, New York; 1968/69 Fellow am Stanford Center for Advanced Study in the Behavioral Sciences; 1972/73 Visiting Fellow am All Souls College, Oxford.

Veröffentlichungen u. a.: Löwenthal ist gemeinsam mit Willy Brandt Verfasser einer politischen Biographie Ernst Reuters. 1963 erschien sein in vielen Sprachen übersetztes Buch »Chruschtschow und der Weltkommunismus«. Zu seinen jüngsten Veröffentlichungen gehören »Der Romantische Rückfall« und »Hochschule für die Demokratie«.

KLAUS LUBKOLL, geb. 1928. 1946 bis 1951 Studium der Germanistik, Geschichte und Theologie, 1953 bis 1968 Gemeinde- und Landesjugendpfarrer in Bremen, 1968 bis 1972 Generalsekretär der Evangelischen Jugend Deutschlands in Stuttgart, seit 1972 Direktor in der Evangelischen Akademie Bad Boll. 1969 bis 1972 Mitglied des Bundesjugendkuratoriums der Bundesregierung, seit 1970 Mitglied der Synode der Evangelischen Kirche in Deutschland.

Dr. theol. KURT NAUMANN, M. A., geboren 1909. Studium der Theologie und Soziologie in Berlin, Tübingen und den USA. Pfarrstellen in Berlin, den USA, Italien und Südafrika. Seit 1963 Studienleiter an der Evangelischen Akademie Bad Boll, Abteilung »Politik und Recht«.

Veröffentlichungen: »Die Theologie des Social Gospel in Amerika«, »Reformen im Strafrecht und Strafvollzug«.

Dr. phil. ERNST OLDEMEYER, geboren 1928 in Oberhausen/ Rhld. Studium von Philosophie, Germanistik und Geschichte an den Universitäten Bonn und Freiburg i. Br. 1960 Promotion in Freiburg bei Eugen Fink mit einer Arbeit über Schellings Wahrheits- und Wissenschaftsbegriff. 1961 wissenschaftlicher Assistent am Institut für Philosophie (Simon Moser) der Universität Karlsruhe. 1969 Habilitation für Philosophie ebendort mit einer Arbeit über »Struktur und Funktion des Bewußtseins«. Seitdem dort Tätigkeit als

Privatdozent. 1972 Wissenschaftlicher Rat. Seit 1970 geschäftsführender Leiter des Instituts für Philosophie.

Veröffentlichungen: »Wie kommt uns Zeit zu Bewußtsein?« (In: »Die Philosophie und die Wissenschaften. Festschrift für Simon Moser«), »Zeitlichkeit und Glück. Gedanken zu Texten von Ilse Aichinger« (In: »Geistesgeschichtliche Perspektiven. Festschrift für Rudolf Fahrner«), »Überlegungen zum phänomenologisch-philosophischen und kybernetischen Bewußtseinsbegriff« (In: »Philosophie und Kybernetik«. Hg. v. Simon Moser u. Karl Steinbuch), »Medien und menschliches Bewußtsein« (In: »Buch und Bibliothek«, Jg. 23/1971), »Struktur und Funktion des Bewußtseins«.

EBERHARD STAMMLER, Publizist, geboren 1915 in Ulm. Studium der Evangelischen Theologie und der Soziologie. Vorsitzender der Redaktionskonferenz »Evangelische Kommentare«. Lehrauftrag an der Universität Tübingen. Mitglied des Beirats für innere Führung der Bundeswehr, des Deutschen Forums für Entwicklungspolitik und der Deutschen UNESCO-Kommission.

Veröffentlichungen u. a.: »Protestanten ohne Kirche«, »Verschwörung für die Demokratie«.

Prof. Dr. iur. Dr. iur. h. c. WERNER MAIHOFER, geb. 1918 in Konstanz. 1946 Studium der Rechtswissenschaften an der Universität Freiburg. Promotion 1950, Habilitation 1953. Seit 1955 Professor für Rechtsphilosophie und Strafrecht an der Universität Saarbrücken. Rektor der Universität 1967 bis 1969. Vizepräsident der Westdeutschen Rektorenkonferenz 1968 bis 1971. Ehrendoktor der Universität Nancy 1968. Seit 1970 ordentlicher Professor an der Universität Bielefeld. 1971 Direktor des Zentrums für interdisziplinäre Forschung. Mitverfasser des Alternativ-Entwurfs eines Strafgesetzbuches 1966 ff. und des Reform-Entwurfs für ein Gesetz zum Schutze freier Meinungsbildung 1972. Seit 1970 Mitglied des Präsidiums der F.D.P.; Vorsitzender der Programmkommission zum Bundesparteitag über Gesellschaftspolitik im Herbst 1971 in Freiburg.

Veröffentlichungen zur Theorie der Politik, u. a.: »Rechts-staat und menschliche Würde«, »Demokratie im Sozialismus«, »Recht und Staat im Denken des jungen Marx«.

Veröffentlichungen zur Theorie des Liberalismus, u. a.: »Liberale Gesellschaftspolitik« (In: »Perspektiven Deutscher Politik«. Hg. v. Walter Scheel), »Liberale Gesellschaftspolitik« (In: »Die Freiburger Thesen der Liberalen«. Hg. v. Karl-Hermann Flach, Werner Maihofer, Walter Scheel).

Die Gesellschaft der Zukunft - Hoffnungen und Sorgen

Das Schwetzinger Gespräch mit Norbert Bischof, Hans-Georg Gadamer, Mario von Galli, Otto Walter Haseloff und Karl Steinbuch. Hrsg. von Leo Wanzek. 55 Seiten mit 3 Fotos.

Eine neue Schriftenreihe im Seewald Verlag, das SCHWETZINGER GESPRÄCH, herausgegeben von Dr. med. Leo Wanzek, wird ebenso geistreich wie mitreißend eröffnet: Fünf grundgescheite Männer, anerkannte Fachleute, wie die Presse schrieb, tauschen ihre Gedanken über die Zukunft der Gesellschaft aus.
Die Quintessenz: Unser demokratisches System ist verletzlich wie ein Verkehrsflugzeug. Es kann von wenigen Leuten gefährdet werden. – Mit Engagement fordert deshalb Prof. Steinbuch: »Verteidigt unsere Demokratie!«

im Seewald Verlag

Karl Steinbuch
Kurskorrektur

167 Seiten mit 15 mehrfarbigen
grafischen Darstellungen.

Der Spiegel: »Die Kombination von Wissenschaft, Politik und Moral . . . scheint gefragt zu
sein. Steinbuchs ›Kurskorrektur‹ figuriert seit
Wochen auf der Bestseller-Liste des Spiegel.«

Frankfurter Allgemeine Zeitung: »Wie einige
unserer bedeutendsten Geisteswissenschaftler
fordert nun auch der prominente Naturwissen-
schaftler mehr Respekt vor der Geschichte und
den Erfahrungen früherer Generationen.«

Die Welt: »Steinbuchs ›Kurskorrektur‹ ist ein
hervorragender Versuch, Auswege aus dem
amoralischen Wirrwarr der Jetztzeit zu weisen.«

im Seewald Verlag